JN077736

失敗を未然に防ぐ

仕事のミスゼロ 100の法則

100 TIPS FOR PREVENTING HUMAN ERROR ON THE JOB

ミスをなくして効率を上げ、
信頼される人材になる!

ビジネスプラスサポート 代表取締役
藤井美保代
MIHOYO FUJII

日本能率協会マネジメントセンター

はじめに

わたしは現在、人と組織がイキイキ豊かに働けることの実現を目指して、多くの企業で組織活性化・業務の生産性向上の支援をしています。

働く人々の声を耳にする中で、「どうすればミスのない仕事ができるのか」は、大きな関心事だと感じています。

ひとたびミスが起きてしまうと、やり直すという二度手間が発生するだけではなく、周りにも迷惑をかけてしまい、時には大きな損失につながる場合もあります。

働き方改革の一環として残業ゼロに取り組む会社が増え、ここにきてテレワークが急速に広がり出した中で、「定時までに仕事を終わらせないと、とついつい気持ちがあせってしまい、ミスすることが増えている」「テレワークだと、職場のように先輩や上司にすぐに確認できないことでミスが増えた」、という声を耳にすることも増えました。

仕事をする上で、質とスピードの両立が求められる流れは加速する一方ですが、その中で自信をなくし疲弊している人も少なくありません。

ミスが増えると、「こんな自分はチームの足を引っ張っている」、「周りからの信頼をなくしてしまう」と落ち込んでしまうこともありますが、悩むだけでは何の解決にもなりません。

いろんなミスのパターンを目にする中で、少しの工夫とコツで防げるミスが大半だと実感しています。ミスが起きる原因を探っていくと、今の仕事のやり方が適正でなかったり、あせりや不安など、気持ちの問題によるところがほとんどです。

この本では、“人間はミスをする”という前提に立って、よくあるミスの種類を洗い出し、その原因を明らかにし、対策法を具体的にお伝えしています。

身近に発生したミスを防止する方法を、日々の仕事の中に定着させていくことで、ミスは少しずつ減っていくはずです。ミス減らしは「微の集積」ですから、こんな取組みを続けていくことで、気づいたら業務の生産性は大幅に向上していくでしょう。

ミスをなくすことは、わたしたちにとってはもちろん、会社にとてもお客様にとってもメリットをもたらす“三方よし”につながります。

また、ミスをなくすことでムダな時間も減り、生み出された時間をつかって改善にチャレンジすることや、お客様や周りに喜んでいただける新たな価値を生み出すこともできます。

すべての中心には「人」がいます。今後ますますテクノロジーがわたしたちの仕事を代替することになるでしょうが、感性を存分に発揮し、人だからこそできる仕事の割合は、増えこそすれ減っていくことはないはずです。

ミス減らしの取組みは、受け身ではなく主体的に楽しみながら実践することが大切です。自分が快適に心地よく、しかも効率よく仕事ができるようなやり方を工夫していくことで、自分基点でよい流れを作りそれが周りにも伝搬し、チームの雰囲気もよくなっていくにちがいありません。

この本を読んで下さることで、読者の皆さんが楽しくサクサクと仕事に取り組んでいただけることを願っています。

2020年6月

藤井美保代

失敗を未然に防ぐ　仕事のミスゼロ100の法則　◎目次

第4章 ミスをしないための整理術

第1章

なぜ、ミスゼロが大事なのか

001 ミスゼロに取り組むその前に

人はそもそも、ミスをする生き物である

あなたは、「ミスをする自分はダメだ」と自分を責めたりしていませんか。

ミスゼロをテーマにしたセミナーで、上司から「君はミスばかりするからこのセミナーを受けてきたら？　と言われて参加しました」という方が、一定割合いらっしゃいます。「自分は上司から信頼されていない」と思うと気分が落ち込みますし、「どうせ自分はダメな人間なんだ」と自信を失いかねません。

もちろん、ミスをしないに越したことはありません。しかし、ミスをしたからといって、自分を責めないでほしいのです。

なぜなら、人間は完璧ではないからです。放っておくと、ミスをする生き物なのです。私を含めて、誰だってミスをします。

たとえば、忙しいときに慌てて仕事をすると、うっかりミスをすることもあります。

経験豊富な人ならミスをしないかといえば、そうでもありません。以前とはフローや方法が変わっているのに、「これはこういうものだ」と思い込んでミスをすることもあります。

さらには、上司の指示の不明点を確かめず、「きっとこういうことだろう」と希望的観測で仕事を進めた結果、上司の期待に沿わない結果になってしまうこともあるでしょう。

人はミスをする生き物ですが、ひとたびミスが起きると、やり直しなどの二度手間が発生し、顧客や取引先、部署のメンバーなど関係する多くの人たちに迷惑をかけてしまうのも事実です。企業のコンプライアンス体制が厳しく問われるようになった昨今は、些細なミスが大きな事件や事故につながり、会社の信用失墜につながるケースも少なくありません。

だからこそ、ミスのない仕事をいかに実現していくかは、多くのビジネスパーソンにとって大きな関心事なのだと思います。

この本では、「人はミスをする」という前提で、ミスを未然に防ぐための仕掛けや工夫、また、ひとたびミスが起きたときに同じミスを繰り返さないための再発防止策をお伝えしていきます。

ミスに真剣に向き合って、限りなくミスゼロに近づけていきましょう。

ミスの要因

人間は完璧ではなく、そもそもミスをする生き物である。

具体的行動

人間はミスをするという前提で、ミス防止の対策を講じていこう。

002 ミスゼロの実践で大切なこと

人はミスをするという前提で、対策を立てないと失敗する

「ミス」とは、どのような状態のことを指すのでしょうか。

仕事には必ず、「何のために」という目的と、「どういう状態を実現するのか」という目標（ゴール）があります。ところが、何らかの理由で、「あるべき姿」や「手に入れたい結果」にたどり着かないことがあります。目指すゴールと現状のギャップが、ミスです。

ですから、**「ミスをなくしていく」とは、「あるべき姿やゴールに限りなく近づけていく」ことなのです。**

ミス防止策は、ミスの原因を見極めながら、「**未然防止**」と「**再発防止**」の2つの観点から講じていく必要があります。

①未然防止策

よく起こりがちなミスに対しては、その原因を取り除くことで、未然にミスを防ぐアプローチが有効です。

たとえば、うっかりミスしてしまうのは、忙しすぎるために、焦って集中できないことが原因。忙しい時期とそうでない時期で業務量に偏りがあるなら、できるだけ業務量をならし（＝平準

化)、常日頃から落ち着いて仕事ができるようにします。

思い込みによるミスが生じるのは、あるべき手順を無視したり、人の話を中途半端に聞いたりしているから。いま一度、基本行動を徹底することで、着実に業務を遂行するようにします。

上司の指示に対して、自分の希望的観測で進めてしまい、期待するアウトプットを出せない場合は、上司の指示を曖昧なまま受けてしまうことが原因。不明点はその場で自分から質問し、曖昧さをなくしてから仕事に取りかかるようにします。

②再発防止策

ミスが起きると、ミスを隠したい誘惑に駆られたり、「いや、うっかりミスしました。ハハハ……」と軽く流したりしがちです。それではいつまでもミスはなくなりません。ミスにしっかりと向き合って、二度と同じミスが起きないように対策を講じることが大切です。

まずは、原因がどこにあるのかを把握することから始めましょう。よくある6つのミスの種類と原因を次項以降にまとめましたので、参考にしてみてください。

未然防止と再発防止の両方からミスをなくしていきましょう。

ミスの要因

人はミスをする生き物なので、それに対して何の対策も取らなければ、ミスは当然、発生する。

具体的行動

よく起きるミスに対しては未然防止策を講じ、ひとたびミスが起きてしまったら、原因を把握して再発防止策を講じよう。

003 よくあるミスの種類とその原因①

注意が不足すると、「凡ミス」が起きる

伝票に記入したつもりだったのにヌケ・モレがあったり、メールに相手の名前を正しく書いたつもりなのに間違えていたり。「なぜこんな間違いをしたのだろう？」と自分でも腑に落ちない経験は、誰にでも少なからずあるのではないでしょうか。

日常業務で一番多いのは、こうした「軽率でつまらないミス」、すなわち「凡ミス」です。

他にも例を挙げてみましょう。

- **金額の違う請求書を送ってしまった**
- **相手の役職を間違えて郵便物を送ってしまった**
- **相手企業の前（株）と後（株）を反対にしてしまった**
- **数字の入力ミスや英文のスペルミス**

凡ミスは、ちょっとした不注意が引き起こす初歩的なミスです。つまり、不注意という人の特性に由来するミスです。

初歩的なミスが日常的に起きてしまうのは、私たちが注意力を保ち続けるのは容易ではないから、ともいえます。

集中力が途切れる要因の筆頭は、周りからの割り込みです。上司から頼まれる仕事、後輩からの質問や相談、次々に届くメール……。これらの割り込みに頭を悩ませている人もいるでしょう。割り込みによって一旦途切れた集中力を元に戻すのは、容易ではありません。

周りからの割り込みは、自分では防ぎようがないと思うかもしれませんが、割り込みに対して働きかけていくことはできます。上司や同僚など対象別の割り込み対策を項目24、25、26で解説していますので、ぜひ参考にしてください。

集中力が途切れるもう一つの要因は、慣れによる惰性や過信です。普段から慣れている作業や定型業務にこそ、凡ミスが起きやすいのです。

対策としては、慣れによる惰性や過信に陥りやすい定型業務こそ、ミスが起こりやすいことを自覚して、注意力を保つ意識を持つことが一つ。さらに、「人間に凡ミスはつきもの」という前提に立てば、作業のあとの最終確認（ダブルチェック）を怠らないことが、凡ミスを防ぐための最善の方法です。ダブルチェックについては、項目84と85を参照してください。

ミスの要因

周りからの割り込みや、慣れによる惰性や過信によって集中力が途切れたときに、凡ミスが起きる。

具体的行動

割り込みに働きかける、最終確認を怠らない、などの凡ミス対策を行おう。

004 よくあるミスの種類とその原因②

忙しくなると、「うっかりミス」が多発する

上司から頼まれた仕事をあとでやろうと思っていたのに、ほかの仕事に没頭しているうちに忘れてしまった――。こうした「うっかり」によるミスも、日常業務ではよく起こります。

- **お客様からのメールを見落としてしまった**
- **電話でお客様に大事な用件を伝えるのを忘れてしまった**
- **大事な書類をうっかり紛失してしまった**

前項で取り上げた凡ミスと似ていますが、凡ミスは数字や文字の入力・記入ミスであるのに対して、うっかりミスは「忘れる」「紛失する」「上書きする」「見落とす」など行為自体を指すと考えることができます。

うっかりミスは、仕事の量が多すぎて焦ったり、ほかの仕事が気になったり、時間に余裕がなくて丁寧に作業ができなかったりと、落ちついて作業に集中できないために起こるミスです。これも凡ミスと同様、人間の不注意によるミスです。

対策を考える際には、**「うっかりミスするのが人間である」**と

いう人間の特性を理解した上で、ミスを誘発しないような仕組みや環境を整えていくことが基本的な考え方です。

たとえば、「あとでやろうと思っていた作業を忘れてしまった」という「うっかり忘れ」を防ぐには、メモの活用が効果的です。ノートにメモしたり、その場で付箋に書いてデスクの見える場所に貼ったり、その日のTo Doリストに書き込んだりする習慣をつければ、うっかり忘れは減っていきます（項目64参照）。

大事な書類をうっかり紛失してしまったというケースは、自分の不注意に加えて、「環境」の不備も大きな要因です。

書類の紛失は、別の場所に置き忘れるケースもありますが、大抵の場合は、散らかったデスクの上でほかの書類に紛れてしまったり、存在自体を忘れてしまったりして、いつの間にか「どこに置いたのかわからなくなる」ことではないでしょうか。

対策としては、ミスが起きない環境に改善していくことが大切です。デスクまわりを整理整頓し、書類の定位置を決めておく、重要書類を一括管理するボックスを用意する、などの対策が考えられます。

ミスの要因

忙しすぎるために焦って集中できなかったり、デスクの上が散らかっていたりすると、うっかりミスが多発する。

具体的行動

メモを活用したり、デスクの上を整理整頓したりして、うっかりミスを誘発しないような仕組みや環境を整えよう。

005 よくあるミスの種類とその原因③

「段取りミス」をすると、納期が遅れる原因になる

ミスは、入力ミスや書類の紛失など明らかにミスとわかるものだけではありません。次に挙げるものも、ミスに含まれます。

- **来週の会議に使う資料をまとめておいてほしいと上司から頼まれていたのに、締め切り日時を確認し忘れ、上司が必要な時までに渡せなかった**
- **午後3時までにアンケート結果をまとめるように言われていたが、ほかの作業に追われて取りかかるのが遅くなり、締め切りに間に合わなかった**

納期に遅れて相手に迷惑をかけてしまったり、相手の意に沿う対応ができなかったりした場合も、ミスといえます。これらは「段取りのミス」が原因です。

段取りとは、どの順番で仕事を片づけていくのか、それらをいつまでに終わらせるのかを事前に決めることです。

段取りを立てずに仕事に取りかかると、やりやすい仕事から手をつけたり、頼まれた順番のままに片づけたりすることになりま

す。優先すべき大事な仕事を後回しにしたり、デッドラインを意識せずにダラダラ仕事をしたりするので、就業時間内に終わらない、締め切りに間に合わないという事態に陥ります。

いかにきちんと段取りを立てるかが、ミス防止のための最善の対策です。段取りの立て方については、2章で詳しく解説します。

段取りミスは、納期遅れだけでなく、凡ミスやうっかりミスを引き起こす要因にもなっています。

- **やるべきことが多すぎて、上司から頼まれた得意先への連絡をすっかり忘れてしまった**
- **いつもの伝票入力作業を隣の人と話しながらダラダラとやっていたら、金額を間違えて入力してしまった**

あまりに忙しいと、うっかり忘れが増えたり、入力ミスやヌケ・モレが起きたりします。一方、定型業務にダラダラと取り組んでいると、集中力が欠けて、ミスにつながることがあります。凡ミスやうっかりミスをなくすのも、段取り次第なのです。

ミスの要因

行き当たりばったりで仕事をしていると、納期遅れだけでなく、凡ミスやうっかりミスを引き起こす。

具体的行動

仕事を始める前に段取りを立てて、仕事の全体を見渡しながら、最適な手順と方法で仕事を進めよう。

006 よくあるミスの種類とその原因④

「環境の不備」があると、物神両面で問題である

環境の不備が引き起こすミスもあります。

- **大事な資料が机上書類の中に埋もれてしまい、提出期限を過ぎてしまった**
- **取引先の名刺をなくしてしまい、連絡先がわからなくなった**
- **伝言メモが書類の山に埋もれてしまい、大事な用件が伝えられなかった**
- **ペンがすぐに取り出せず、電話の内容を記憶しておこうと思ったが、しばらくすると忘れてしまった**

デスクまわりが散らかっていると、ものを紛失しやすくなります。ほかの書類に紛れてしまったり、存在自体を忘れてしまったりして、どこに置いたのかわからなくなります。

皆さんも身に覚えがあると思いますが、雑然としたデスクまわりや、整理整頓されていない職場環境が、さまざまなミスを引き起こしているのです。

目に見える環境だけではありません。デスクトップや共有フォルダに保存されたデータについても同様です。

何でもかんでもデスクトップ上に並べたり、わかりにくい分類やフォルダ分けを行っていると、必要なデータが見つからなかったり、探すのに時間がかかってしまいます。

整理整頓がされていないと、必要なものがすぐに取り出せないという物理面だけでなく、精神面にも悪影響を及ぼします。

たとえば、探し物に時間がかかれば、気分もイライラします。雑然とした環境に身を置いていれば、気持ちがささくれたり、集中力が途切れたりします。それが結果的にミスを招いてしまうことになるのです。さらに、デスクに書類の山があれば、周りの人が快適に働ける環境を壊してしまうばかりか、周囲との壁も生まれてしまいます。

ミスを引き起こさないためには、仕事に集中できる環境を整えることが最善の対策です。

理想のデスクまわりは、必要なものが必要な時にすぐに取り出せて、サクサク仕事がはかどる「戦略基地」です。デスクまわりを戦略基地化するための整理整頓については、4章で詳しく解説していきます。

ミスの要因

仕事環境が雑然としていると、ものをなくすなど物理的な面だけでなく、気分がイライラするなど精神面にも悪影響を及ぼす。

具体的行動

仕事に集中できるよう、仕事環境を整えよう。

007 よくあるミスの種類とその原因⑤

「顧客対応ミス」をすると、信頼を失墜させてしまう

適切な顧客対応をしなかったために、お客様を不快にさせたり、怒らせてしまったりすることがあります。顧客との関係性を悪化させるような顧客対応の不備も、ミスに含まれます。たとえば、次のようなケースです。

- **必要な資料がすぐに取り出せず、お客様からの電話の問い合わせの際にずいぶん待たせてしまった**
- **得意先からの電話の内容を聞き間違えたまま、担当者に伝えてしまった**

お客様からの電話にはすぐに対応するのが基本です。しかし、必要な書類がすぐに取り出せずにお客様をお待たせしてしまえば、相手をイライラさせてしまうかもしれません。

この問題の根本には、書類の管理がきちんとできていないこと、つまり、環境の不備があります。

対策としては、問い合わせの多い内容は事前にファイルにまとめておく、デスクまわりを整理整頓して必要な書類がすぐに取り出せる状態にするなどして、お客様の問い合わせに素早く対応で

きる環境を整えておきます。

どうしても書類がすぐに見つからない場合は、「確認して折り返しお電話します」と伝える対応も必要でしょう。

電話対応では、聞き間違いによる誤解も避けたいところです。

相手の声を聞き取りにくい環境や、相手の話し方が聞き取りにくい場合には、聞き間違いが起きてしまうのは仕方がないかもしれません。しかし、これも凡ミスと同じで、確認作業を怠らなければ防ぐことができます。

聞き間違いを防ぐには、日時や場所、連絡先など、数字や固有名詞を含むものは、必ず復唱して確認することが基本です。また、「今度の火曜日に訪問します」のような曖昧な表現に関しても、「今度の火曜日、15日ですね」と日付でも押さえることで、お互いの解釈のズレを防ぐことが大切です。

より正確さを担保するなら、電話のあとに確認のメールを送っておけば、勘違いを確実に防ぐことができるでしょう。

顧客対応のミスによって、お客様の信頼を失えば、客離れや取引停止につながり、大切なお客様を失う結果になりかねません。ミスなく適切に対応するための工夫を取り入れましょう。

ミスの要因

適切な顧客対応ができないと、顧客の信頼を失い、大切な顧客を失うことになりかねない。

具体的行動

問い合わせに素早く対応できるよう環境を整えたり、電話での聞き間違いが起きないよう確認を徹底しよう。

008 よくあるミスの種類とその原因⑥

「情報共有ミス」をすると、さらなるミスをもたらす

大抵の仕事は、チームで連携して進めていきます。連携が求められるからこそ、情報がきちんと伝わっていなかったことで、仕事がスムーズに進まない、顧客への対応がちぐはぐになって不信感をもたれてしまう、といったミスが起きています。

- **得意先との取引条件が変更になったことを営業担当から伝えられておらず、従来の条件で見積書を作成したら、得意先から「どうなっているんだ」と叱られた**
- **電話で相手の名前を聞き取れず、何度も聞き返して怒らせた**
- **隣の人に聞けばすぐにわかることを、時間をかけて調べてしまった**

最初の2つの例などは、一見すると顧客対応のミスのように思われがちですが、問題の本質は情報共有の不備にあります。顧客に関する情報を社内で共有できていなければ、適切な顧客対応はできませんし、その結果、顧客の満足度は下がってしまいます。

顧客対応だけではありません。情報共有ができていないために、業務の進行が遅れたり、作業モレやダブリなどのミスが起き

たりします。3つ目の例が、まさにそれです。

情報共有がうまく機能しないのは、メンバーが自分のことだけを考えて仕事をしていることが原因です。たとえば、「自分の仕事はここまで（あとは知らない）」「あとは誰々さんがやってくれるはず」という意識で仕事をしていると、思わぬところで連携ミスが起きてしまうのです。

対策としては、一人ひとりが仕事の全体像を把握し、相手の状況に気を配りながら、複眼的に仕事をするよう心がけることが一つ。それと同時に、情報共有がしっかり行われるような仕組みをつくることも大切です。誰から誰に、どういうルールや方法で情報を流すのか。このルールを決めることが、社内の情報共有をうまく進めるコツです。

意図を正しく伝える方法や、情報共有が進む環境づくりについては3章で、情報やその流れを「見える化」してミスを防ぐ方法については5章で、それぞれ詳しく解説します。

ミスの要因

社内で情報が共有されていないために、適切な顧客対応ができなかったり、業務が滞ったりするなどの不具合が起きる。

具体的行動

相手の状況に気を配りながら仕事をすることを心がけるとともに、社内で情報を流すためのルールを決めよう。

009 ミスゼロを実現するメリット①

仕事を効率化すると、残業を減らせる

ミスをなくしていくと、やり直しなどのムダな時間がなくなり、仕事がサクサクはかどるようになります。

それだけでなく、ミスゼロを実現する過程で、必然的に仕事量の見直しも行っていくため、ムダな業務が減り、仕事の効率化が進むというメリットがあります。

最近は、どの会社でも働き方改革が加速していて、限られた人数と時間の中で、いかに仕事を効率的に進めていくかが課題です。

そもそも仕事量が多すぎる職場では、焦ってミスにつながりやすい状況が生まれています。**ミスゼロを実現するには、まずは本当に必要な業務だけに絞り、それ以外は切り捨て、必要な業務をミスなく進めていくというアプローチをとります。**

具体的には、「何のため？」という仕事の目的に立ち返って業務を見直し、なくせる業務は「なくす」、ミスなくスピーディに仕事を進めるために手順ややり方を見直し、必要のない手順は「減らす」、より適したやり方に「変える」ことで、仕事の効率化を図っていきます。

ある保険代理店では、「なくす→減らす→変える」の優先順位に沿って半年かけて業務の見直しを行ったところ、3分の1の業務をなくしたり、手順を減らしたり、やり方を変えたりして、効率化することができました。その結果、ミスは確実に減ったといいます。

効率化の成果はそれだけではありません。**残業もかなり減ったのです。**

この会社は女性が多い職場でしたが、以前は19時半くらいまで仕事が終わらず、女性が長く働き続けにくい環境でした。

ところが、業務をスリム化したあとは、人によっては18時、平均して18時半には仕事を切り上げて帰れるようになりました。業務見直しの半年間は、多少はオーバーワーク気味ではあったものの、結果的に1時間の残業削減に成功したのです。

残業が減ったぶん、アフター5に家族と過ごす時間や、習い事をする時間、友人とリフレッシュする時間が増え、プライベートの時間を充実できるようになりました。

ワーク・ライフ・マネジメントの実現により、女性にとっても働きやすい職場になったのです。

ミスの要因

膨大な仕事量を、限られた人数で限られた時間内にこなそうとすると、ミスが起きるばかりか、残業もなくならない。

具体的行動

「なくす→減らす→変える」の優先順位で業務を見直し、仕事の効率化を図ろう。

010 ミスゼロを実現するメリット②

テクノロジーによって時間ができると、付加価値を生み出す仕事ができる

定型業務がRPAやAIなどのテクノロジーに代替される動きは、ここ1年で随分と加速しています。今後、ますます労働力人口は減っていきますから、人の手に替わるテクノロジー化は避けられない流れなのでしょう。

この流れに対し、「自分たちの仕事が奪われる」と危機感を持つ人もいるかもしれません。

そうした一面も、もちろんあります。しかし、見方を変えれば、定型業務のテクノロジー化は、「**自分たちが付加価値を生み出す仕事にシフトするチャンス**」でもあるのです。

最近、ある商社では営業事務の業務フローを分析し、「ここは人がやる部分」「ここはRPAがやる部分」とすみわけし、定型業務を改善しました。その結果、これまで月間1450時間かけていた業務が、140時間で完了するようになりました。人の手を介さないためミスがなくなり、時間も10分の1に短縮されたのです。

すると何が起きたかというと、営業事務の人たちのモチベーションが一旦落ちたのです。それまで自分たちが必死にやってきた仕事を、RPAがミスなくスピーディにやってしまうわけです

から。

しかし、その後の対応は、チームによって差が出ました。

あるチームは、「私たちは人間にしかできない仕事にシフトしよう」と考えて、付加価値の高い仕事を生み出していきました。たとえば、RPA化によって生み出された時間を使って、営業に同行してお客様の会社を訪問する機会を増やしました。お客様のことを理解することで、お客様に合った商材提案のサポートを始めたのです。ほかにも、発注業務を効率化するための改善を行ったり、後輩の育成マニュアルを作成したりしました。

一方、別のチームは、全員が会社を辞めてしまいました。RPA化によって自分たちの仕事が減ったことで、「自分たちはこの会社にいてもしょうがない」と思ってしまったようです。

テクノロジー化の流れは避けられない以上、これをチャンスと捉えられる人だけが生き残る時代になっていくと思います。代替により、人間には時間が生み出されますから、その時間を使って、付加価値の高い仕事にシフトしていくことができるのです。

ミスの要因

定型業務のテクノロジー化を、「自分の仕事が奪われる」とマイナスに捉えると、その流れに飲み込まれてしまう。

具体的行動

定型業務のテクノロジー化をチャンスと捉えて、人間にしかできない付加価値を生み出す仕事にシフトしていこう。

011 ミスゼロを実現するメリット③

自分の仕事を管理できると、自己肯定感が高まる

ミスをすると、周りに迷惑をかけたり、会社の信用を揺るがす大問題に発展したりと、仕事上で不都合が起きるだけではありません。

ミスをした本人も、「自分はダメな人間だ」と自分を責め、自信を失ってしまいます。自己肯定感が下がれば、仕事のやる気も失ってしまいますから、本人にとっては大問題です。

ある事務職の人が、こんな悩みを話してくれました。

彼女は申請書類の提出を任されていました。その書類は細かな規定がある上に、関連部署との調整が必要であり、「面倒だなぁ」と内心では思っていたのです。他の業務も忙しかったため、期限ギリギリまで申請書類を放置した結果、周りの人の助けも借りながら大慌てで書類を作成し、提出しました。

ところが、提出先からヌケ・モレを指摘され、書類を突き返されてしまったのです。

上司からは叱られ、関係部署の担当者には「もう一度お願いします」と頭を下げ、後処理に奔走しました。仕事に振り回された挙句、「自分のミスから周りに迷惑をかけてしまい、自分が情け

なくなりました」と話す彼女は、明らかに自信を失っていました。

彼女が**自信を取り戻すには、ミスなく仕事ができ、「自分が仕事をマネジメントしている」という感覚を取り戻すのが一番**です。

そのために必要なのが、**段取り**です。**「いつまでに、何を、どうする」を事前に考え、その段取りどおりに仕事を進めていくことで、ミスを減らしていくことができます。**

そうやって、自分が采配しながら、周りの人を巻き込み、周りの協力を得ながら仕事を進めているという実感がもてれば、自己肯定感を高めることができるはずです。

ミスなく仕事ができれば、周りからも「面倒な申請書類を期限内に提出してくれてありがとう」と喜ばれます。周りからの感謝の言葉も、自己肯定感を高め、やる気を取り戻すための大きな力になるでしょう。

ミスの要因

期限ギリギリまで仕事を溜め込み、やっつけ仕事をしていると、ミスが増えて自己肯定感が下がる。

具体的行動

段取りをしっかりして、仕事のコントロールを自分で握ろう。

012 ミスゼロを実現するメリット④

周りからの信頼が高まると、やりたい仕事に挑戦できる

若手社員は、「貢献したい」「役に立ちたい」「成長したい」という気持ちがことのほか強いと感じます。また、定型業務のような作業や補助業務よりも、「もっと価値を生み出すような、手ごたえのある仕事がしたい」という声もよく耳にします。

定型作業や補助業務はつまらない――。そう思って避けようとするのは、実は逆効果です。一見単純に思える作業をミスなく確実に行うことが、結果的には、やりたい仕事に挑戦するための一番の近道になるからです。

多くの会社では、未経験の新人に、責任が重く、インパクトのある仕事をいきなり任せるケースは少ないと思います。かといって、新人にいつまでも定型作業や補助業務ばかり任せる、というわけでもありません。
では、上司や会社は何を基準に判断するかといえば、「彼または彼女に任せても安心か」という信頼の度合です。

信頼は、積み重ねるのに多少の時間がかかります。

たとえば、一見単純と思われる仕事を行うにしても、指示された期限を守って仕上げる。指示された手順どおりに、ミスなく確実に進める。そうした凡事徹底を繰り返すことで、「彼または彼女に任せても安心だな」という信頼貯金が少しずつ積み上がっていきます。

その結果、自分がやりたい仕事や挑戦したい仕事のチャンスが巡ってくるのだと思います。

反対に、単純作業だからといって、手を抜いてポカミスをしたり、指示された期限を守らなかったりする人には、「大事な仕事はいつまでたっても任せられない」と上司は判断するはずです。

仕事の世界では、まず周りから信頼されることが大事です。

その信頼をどうやって得るかといえば、納期や手順をしっかり守り、ミスのない仕事を積み重ねていくことによってしか、成し遂げられません。また、それが一番確実で手っ取り早い方法なのです。

ミスの要因

単純作業だからといって手を抜いていると、ミスがなくならず、大きな仕事ややりがいのある仕事はいつまでたっても任されない。

具体的行動

単純作業こそ凡事徹底し、周りからの信頼を獲得しよう。

013 ミスゼロを実現するメリット⑤

チームの生産性が上がると、職場の雰囲気もよくなる

ミスゼロを実現すると、チームの生産性が上がります。それは、業務の生産性を次のように因数分解するとよくわかります。

$$\text{業務の生産性} = \frac{\text{質} \times \text{量}}{\text{投下時間}}$$

ミスのない仕事をすれば、「質」が上がります。ミスによって余計な手数が増えなければ、その分、さばける「量」が増え、仕事にかける「投下時間」も短くてすみます。その結果、業務の生産性が上がるのです。

そして、ミスをしない人たちで構成されているチームの生産性は、必然的に高くなります。

ミスをなくすと、職場の雰囲気もよくなります。なぜなら、チームの生産性は、人の気持ちにも影響を与えてるからです。

チームとは、目的や目標を共有する人たちの集まりです。5人いたら、相乗効果が働いて、5人以上の力を発揮するのがいい

チームです。

しかし、ひとたび誰かがミスをすれば、どうなるでしょうか。

ミスを挽回するため、上司がお詫びに走ったり、誰かがその仕事を代わりにやり直したりします。メンバーが本来やるはずの仕事ができなくなり、残業で埋め合わせようとすれば、チームに負担がかかります。メンバーのモチベーションが下がり、チームの雰囲気が悪くなると、「もうあの人には関わりたくない」と思う人もいるでしょうから、チームの連携はおろそかになります。

チームがバラバラになれば、シナジーが発揮されないどころか、コミュニケーションの不備が起き、余計にミスが増えるという負のスパイラルに陥ります。

一方、**ミスなく仕事を進め、チームの生産性が高まると、プラスのスパイラルが働きます。**つまり、「今日も協力し合えて、いい仕事ができたね」「ありがとう、助かった」という感謝の言葉が交わされます。チームの雰囲気がよくなり、連携がよくなれば、ますますミスが減り、生産性も高まるというわけです。

このように、ミスのない仕事は、自分一人だけでなく、チーム全体のパフォーマンスや雰囲気にも大きく影響するのです。

ミスの要因

ミスをすると、チームの生産性が下がり、チームの雰囲気も悪くなる。さらにミスが増える。

具体的行動

ミスのない仕事でチームの生産性を高め、連携をよくして、さらにミスを減らすというプラスのスパイラルを起こそう。

第2章 ミスをしないための段取り術

014 タイムマネジメントの基本①

朝に段取りをすると、1日をコントロールできる

なぜかいつも時間が足りずに、焦ってミスしたり、納期に遅れたりする人には、ある共通する行動パターンが見られます。

それは、成り行きまかせ、行き当たりばったりで仕事を進めていることです。

やりやすい仕事から始めて、時間のかかる重要な仕事を後回しにしたり、頼まれるままに仕事を引き受けたりしていると、時間はあっという間に足りなくなります。「あれもやらなきゃ、これもやらなきゃ、でも時間がない！」と仕事に振り回されているうちに、ミスが誘発されてしまうのです。

限られた時間の中で、ミスなくスピーディに仕事を行っていくには、仕事を始める前の「段取り」が欠かせません。

段取りとは、「業務を効率的にマネジメントすること」です。仕事をどの順番で片づけていくのか、それらをいつまでに終わらせるのかを事前に決め、単に計画を立てるだけでなく、意思を持って仕事を進めていくことが、段取りでは大切です。

段取りは、1日の仕事が始まる前に立てます。

まず、その日のうちにやるべきことをすべて書き出し、どの作業を、どの順番で、どれくらいの時間で終わらせるかを決めます。

ここで気をつけたいのは、仕事の優先順位です。仕事には、すぐにとりかかるべき緊急案件や、時間をかけてじっくりと取り組むべき重要案件、納期まで余裕があるものまで、さまざまなものがあります。仕事の緊急度や重要度を総合的に判断して、優先順位をつけ、それぞれの仕事にかける時間を設定していきます。

それをTo Doリストや付箋に書き出してデスクの見える場所に貼ったり、PCやアプリに入力し、その日にやるべき仕事を「見える化」したりしておきます。一つひとつの仕事を確実にクリアしていけばいいことがわかれば、慌てず余裕を持って仕事に取り組むことができるでしょう。

段取りにかける時間は毎朝15分で十分です。忙しいときは、たったの15分の時間も惜しく思うかもしれませんが、朝の15分を段取りの時間にあてるだけで、その日の仕事効率が格段にアップします。時間だけでなく心の余裕も生まれ、ミスを確実に減らすことができるのです。

ミスの要因

成り行きまかせ、行き当たりばったりで仕事を進めると、時間が足りなくなり、焦ってミスが起きやすくなる。

具体的行動

出社したら、仕事を始める前の15分を使って、その日の仕事の段取りを組もう。

015 タイムマネジメントの基本②

段取りを1日3回見直すと、進行のズレを調整できる

朝に1日の段取りを立てても、現実にはなかなかその通りには進みません。上司からの急な割り込み仕事や、突発的なアクシデントへの対応などで、「結局、今日も1日仕事に振り回されて終わってしまったな」という日も少なくないでしょう。

だったら、段取りを組んでも意味ないんじゃないの？

そう思うかもしれませんが、違います。**朝に段取りを組んだら、そのあとに段取りを見直す習慣をぜひ取り入れてみてください。**段取りを見直して、その都度調整していくことで、刻々と変わる状況にも対応することができます。

見直しのタイミングは、朝の段取りを含めて1日3回がおすすめです。

朝に段取りを組んだら、次に見直すのは昼前です。午前中の仕事の進み具合を振り返り、割り込み仕事などで予定通り進まなかったのであれば、午後の仕事の進め方を調整します。

仮に、午前にやり残した仕事を午後に持ち越せば、その日のうちに終わらない仕事が出てくる可能性があります。それに対して、**①今日中に終わらない仕事を明日に持ち越す、②午後の仕事**

のスピードを上げる、③午後の仕事のうち優先順位の低い仕事を「やらない」と決める、などの改善策を考え、実行します。

3回目の見直しは、終業2時間前です。ここでは、定時で仕事を終わらせるために、残り2時間をどのように使うかを考えます。

その日のうちに終わらない仕事があれば、**翌日に持ち越すのか、周りの人に協力してもらって終わらせるか**、などの対策を上司や周りの人と相談して決めます。その際、「翌日以降の仕事をスムーズに進めるためには、何を優先すべきか」という視点も大切です。

段取りは、一度立てたらそれで終わりではありません。仕事の進捗にあわせて、柔軟に組み替えながら、確実に実行してこそ意味があります。

仕事は、関係する周りの人たちとの連携で成り立っていますから、自分が立てた計画どおりに進まないことも多いものです。

でも、そこであきらめないでください。1日3回段取りを見直す習慣をつければ、仕事のコントロールを自分の手に取り戻すことができ、ミスなく仕事を進めていくことができるのです。

ミスの要因

段取りを立てただけでは、突発的な出来事が発生すれば段取りどおりに進まず、結局仕事に振り回される状態に戻ってしまう。

具体的行動

朝を含めて1日3回段取りを見直し、仕事の進捗に応じて仕事の進め方を調整しよう。

朝イチの習慣を見直すと、1日のよい流れをつくれる

「今日は1日、ずっと調子が上がらなかったな」。あるいは、「ダラダラしちゃったな」。

そんなときは、朝イチの習慣を見直してみてはどうでしょうか。

1日のよいリズムをつくり出すのは、朝のスタートダッシュです。「よし、やるぞ」と自然と気持ちが盛り上がるのが理想ですが、いつもそうはいきません。スムーズに仕事モードに切り替えるには、ちょっとしたコツがあるんです。

まず、見直したいのは、朝、家を出る時間です。始業時間にギリギリに間に合うように家を出ていませんか。

朝に余裕のない日は、多少の電車の遅れも「会社に遅れてしまう」と気が気ではありません。駆け込みセーフで席につき、焦った気持ちのまま手あたり次第に仕事を片づけていこうとするでしょう。仕事に振り回されれば、ミスも起きやすくなります。

朝、10分でもいいので、少し早めに家を出てみてください。「今日はどんな順番で仕事を進めていこうか」「課長は午後から外出だから、午前中にあの件を確認しておこう」などと、その日1

日の仕事を俯瞰して考える心の余裕が生まれます。仕事の段取りを考えておくことで、1日の仕事を自分の理想のリズムで進めていくことができるでしょう。

仕事を始める前に、心や体の状態を整える時間を持つこともおすすめです。

たとえば、自分のためにおいしいコーヒーを淹れて、ほっと一息つく。首を回したり、肩甲骨を動かしたり、簡単なストレッチをしてみる。あるいは、顧客と話す機会の多い人なら、滑舌をよくするために早口言葉を訓練したり、口をしっかりあけて表情筋を動かしたりするのもいいでしょう。心と体をウォーミングアップし、仕事に向かう気持ちを高めていきます。そうすることで、仕事モードに入りやすくなります。

朝の時間をどのように過ごすかによって、その日1日、集中して仕事に取り組めるのか、調子が出ないまま終わるのかが決まるといっても過言ではありません。

「**朝を制するものは、1日を制する**」。1日を気持ちよくスタートするために、朝の時間の使い方を工夫してみてください。

ミスの要因

朝、始業時間ギリギリに出社すると、その日の仕事の段取りを考える心の余裕が持てず、1日中仕事に振り回されることになる。

具体的行動

朝、10分でも早めに家を出て、仕事を始める前に1日の仕事を俯瞰したり、心や体の調子を整えたりする時間をもとう。

017 1日のリズムを考えたスケジューリング①

集中力を要する仕事は、午前中が向いている

ミスをしないよう気をつけているのに、どうしてもミスをしてしまうことがあるでしょう。理由として考えられるのは、その仕事を行う時間帯に問題があるのかもしれません。

1日には、集中力の高まる時間帯と、逆に集中力が低下してミスが起こりやすい時間帯があります。ミスを防ぐには、こうした1日のリズムを考えてスケジュールを組む必要があります。

仕事には、神経を使う細かな仕事から、習慣化されたルーチンワークまで、さまざまなタイプのものがあります。その中でも、**絶対にミスの許されない重要な仕事は、午前中に組み込むようにします。**

なぜなら、午前中が1日のうちで一番集中力の高い時間帯だからです。さらには、前夜に質の高い睡眠が取れた次の日の午前中は、疲労感がなく、頭がスッキリし、頭のキレも冴えています。

具体的にどんな仕事を午前中に組み込むとよいのか、いくつか例を挙げてみます。

- **請求書作成や受発注業務など、数字や計算の間違いが許されない仕事**
- **データ分析や企画書・提案書の作成など、頭を使って新たな価値を生み出すナレッジワーク**
- **周りの人の業務に多大な影響を与える仕事。たとえば、自分の担当業務がチーム全体の要となる場合や、プロジェクトの幹になるような仕事**

重要な仕事は人によって異なりますので、「思考がクリアな午前中に片づけておくべき仕事はどれか」という視点から、自分にとっての重要な仕事を見直してみるとよいでしょう。

午前中に集中力の必要な仕事を組み込むことは、脳科学的な見地からみても、理にかなっています。作業療法士の菅原洋平氏によると、脳の活動が最も活発になるのは、起床から4時間後だそうです。つまり、朝6時に起きる人は、10時頃が最も頭が冴えていることになります。

仕事始めの午前中は、やりやすい仕事から始めがちですが、仕事に優先順位をつけ、集中力の必要な仕事を午前中に組み込むことで、ミスをなくしていきましょう。

ミスの要因

１日のリズムを無視した段取りを組むと、集中力が途切れて、ミスを引き起こしてしまう。

具体的行動

ミスが許されない重要な仕事は、意識的に午前中に組み込もう。

午後イチと夕方は、ミスが起こりやすい

昼食後、一度も眠気と戦ったことのない人はいないのではないでしょうか。午後イチの時間帯は、満腹後の眠気に襲われ、集中力が低下します。つまり、1日のうちで最もミスが起きやすい"魔の時間帯"なのです。

この時間帯に、やってはいけない仕事があります。数字の計算や請求書作成など、ミスの許されない仕事です。これらの仕事は避けるのが賢明です。

では、どんな仕事を組み込むとよいのでしょうか。

集中力の低下がそれほど影響しない仕事や、眠気を払えるような刺激を伴う仕事、目先の変わる仕事です。たとえば、コピーを取ったり書類の整理などの細切れ仕事、ほかの部署への届けものなど身体を動かす仕事、外部の人との面会、チームでアイデアを出し合うワイガヤミーティングなどが、この時間帯には向いています。

そうはいっても、眠気に襲われるこの時間に会議が設定される

など、個人の自由では動かせないスケジュールもあります。そのような場合は、昼食の量を普段より少なめにして会議に臨むなど、眠気防止策を打っておくとよいかもしれません。

その後、15時を過ぎると再びペースが戻ってきます。夕方の終業時間を意識するので、ラストスパートが効きやすくなります。集中力が必要な仕事をここで片づけるのがよいでしょう。

1日のうちで、ミスに気をつけるべき時間帯がもう1つあります。それは、夕方です。

夕方は、仕事が長引けば長引くほど集中力が低下し、ミスを誘発しやすくなります。従って、1日の終わりは、キリのよい仕事、たとえば翌日の会議に必要な資料の確認や、机上の整理整頓などにあてるとよいでしょう。

ミスは、集中力が途切れたときに起きやすくなります。だからといって、1日中ずっと集中して仕事することはできません。集中力の高まる時間帯や、反対に集中力が途切れる時間帯を意識して段取りを工夫し、ミスゼロを目指していきましょう。

ミスの要因

眠気に襲われる午後イチの時間帯に、集中力を要する仕事をすると、ミスが起きやすい。

具体的行動

午後イチの時間帯には、それほど集中力を必要としない細切れ仕事や、人と会う仕事などを組み込もう。

019 1週間のリズムを考えたスケジューリング

生産性のピークは火曜日、木曜日は要注意

皆さんは、1週間のスケジュールをどのように組んでいますか。

実は、1日のうちで集中力の高まる時間帯が限られているように、1週間のうちでも、集中力が高まる曜日と、反対に集中力が低下する曜日があります。1週間のリズムを見てみましょう。

休み明けの月曜日は、メールでの問い合わせや、外部からの電話が多くなります。割り込みの電話によって集中力が途切れれば、ヌケ・モレやミスの原因になります。月曜日をミスなく乗り切るには、「電話対応やメール返信に集中する日」と割り切って段取りを組むのも一案です。

火曜日を迎えると、次第にエンジンがかかってきます。**1週間のうちで一番作業効率が上がるのが、火曜日です。**

特に火曜日の午前中は、ミスが絶対に許されないような数字がらみの仕事や、新たな価値を生み出す提案資料の作成などが向いています。反対に、ここに書類やデータの整理整頓や一方的に伝達するだけの報告会議などを入れてしまうと、せっかくの生産性の高い時間が有効活用されず、もったいないです。

1週間の折り返し地点となる水曜日には、少し中だるみが見られます。週の後半に向けて仕切り直しができるような、ワクワクする仕事を入れるとよいでしょう。自分の得意な仕事や、前向きになれる仕事などが向いています。

1週間のうちで一番効率が落ちるのが、木曜日です。集中力の必要な数字計算などの作業や、ナレッジワークは、できれば避けたいものです。代わりに、人に会ったり、ミーティングや打ち合わせなど目先の変わる仕事を入れたりすることで、気分を上げていきましょう。

金曜日は、週末に向けて少し気分も上がってきます。1週間のうちに終わらせるべき仕事に取り組むほか、終業前の1～2時間を使って、1週間の振り返りと翌週の仕事の整理や段取りもやっておきたいところです。

このように、1週間のリズムを考えたスケジューリングでミスゼロを目指すとともに、生産性を高めていきましょう。

ミスの要因

集中力が途切れがちな曜日に重要な仕事を組み込むと、ミスにつながる。

具体的行動

火曜日の午前中にはミスの許されない仕事を、作業効率の落ちる木曜日には人に会うなどの仕事を組み込もう。

納期と所要時間に着目すると、仕事の質を維持できる

「あれもこれもやらなきゃいけない仕事があって、どれから手をつければいいのかわからない」。あるいは、「段取りには仕事の優先順位が大事だというけれど、優先順位のつけ方がわからない」。こんな悩みをよく耳にします。

優先順位のつけ方にはいくつか方法がありますが、誰もが押さえておくべき要素として、**「納期」**に着目してみましょう。

仕事において、納期を守ることは最低限のルールです。たとえどれだけクオリティの高い仕事でも、納期に遅れてしまえば評価が下がってしまいますし、中にはまったく評価されないこともあります。納期遅れは、重大なミスなのです。

最優先に取り組むべきは、納期の迫った仕事です。

納期が同じ場合は、仕事の完了までにかかる時間を見積もり、より多くの時間がかかる仕事を優先します。仕事に着手する時期は、納期から逆算して決めていきます。

実際に段取りに組み込む上で、所要時間をできるだけ正確に見

積もることが重要です。現実には見積もりよりも長くかかってしまうと、納期に間に合わないおそれがあるからです。

そして、やっかいなことに、時間のかかりそうな仕事ほど、正確な時間の見積もりが難しいのです。企画書作成などのナレッジワークは、その典型でしょう。

時間のかかりそうな仕事は、一つひとつのプロセスに分解してみると、所要時間の見積もりがしやすくなります。企画書作成なら、「資料集め」→「企画のコンセプトを考える」→「企画書の項目を決める」……と分けたあとで、それぞれのプロセスにかかる時間を見積もっていきます。

このように必要な時間を見積もっていくと、「納期がこの日だとすると、いつまでにこの部分を終わらせないといけないな」ということが見えてきます。

納期を基準に優先順位をつけていけば、納期遅れを防ぐことができます。大事なことは、現実に即した所要時間の見積もりをもとに、納期から逆算して段取りに落とし込むことです。そうすれば、焦ることなく、クオリティの高い仕事ができるでしょう。

ミスの要因

仕事の優先順位の判断を間違えると、納期遅れの原因になる。

具体的行動

納期が迫っている仕事や、仕上げるまでにより多くの時間がかかる仕事を優先しよう。

021 仕事の優先順位のつけ方②

周りへの影響を考慮すると、仕事が滞らなくなる

たった1通のメールが、どの仕事よりも優先されるべきときもあります。

それは、あなたからの返事を待っている人がいる場合です。

何かの問い合わせや確認など、あなたの仕事には直接影響しない内容のメールかもしれません。それでも、自分の返事を待っている相手がいるなら、できる限りその人への連絡を優先させる必要があります。

このように、「周りへの影響度」は、仕事の優先順位を決めるときに考慮すべき要素の一つです。これは特に、チームで仕事をするときに意識しなければならないことです。

たとえば、あなたが市場調査のデータ収集を担当し、同僚がそのデータをもとに企画書を作成することになっているとします。「同僚はプレゼンの3日前にはデータが欲しいと言っていたな。プレゼンの4日前にはデータを準備できそうだから、1日早いけど送っておこう」。こんなふうに想像力を働かせて、データ収集を優先すれば、同僚はスムーズに仕事に取りかかることができます。

チームで連携して取り組む仕事は、「相手を待たせない」「相手の時間をムダにしない」ことを念頭におき、優先的に取りかかりましょう。自分の担当作業でのミスや遅れが、自分以外のメンバーやチーム全体の仕事を滞らせないようにしたいものです。

また、部下や後輩を指導、管理する立場の人も、周りへの影響度を意識した仕事の進め方が求められます。

たとえば、「A案とB案のどちらのプランで進めるか」という判断を、上司であるあなたがすることになっているなら、「どちらの案にするか」を決めて、周りのメンバーに伝えることは、優先順位の高い仕事です。

自分の役割は何で、自分の担当業務が周りにどのような影響を与えるのかを把握し、正しく優先順位を判断することが大切です。

これは同時に、**相手の仕事がスムーズに進むためには、自分はどのように動けばいいのか、と想像力を働かせること**でもあります。想像力を駆使した周囲への配慮が、チームにおけるミスゼロへの第一歩なのです。

ミスの要因

チームで仕事をする場合、連携する相手の都合を考えずに仕事を進めると、相手を待たせて、仕事を滞らせてしまう。

具体的行動

自分の作業完了を待って、次の作業を始める人がいる場合には、相手を待たせないよう、その仕事を優先して進めよう。

022 仕事の優先順位のつけ方③

緊急ではないが重要な仕事は、やる日を決めて時間を取る

納期の迫った急ぎの仕事を優先していると、つい後回しになってしまう仕事がでてきます。たとえば、不要になった書類の整理や、参考資料に目を通すこと、担当業務に関連する情報収集など、明確なゴールや締め切りが決まっていない類いの仕事です。

いつかやらなきゃと思いつつ、なかなか手がつけられない……。急ぎの仕事に追われる毎日に、ちょっとした後ろめたさを感じることがあるのではないでしょうか。

あなたが気になっている仕事は、ズバリ、「緊急ではないけれど、重要な仕事」かもしれません。

日々の忙しさに埋もれがちな「緊急ではないが重要な仕事」を把握するには、自分の仕事を「緊急度」と「重要度」の2つの軸で分類してみるとよいでしょう。次ページのマトリックスを参考にして、仕事の棚卸しをしてみましょう。

右上のマスが、「緊急ではないが重要な仕事」です。あなたの場合、ここにどのような仕事が入りますか。

冒頭で挙げた仕事のほかに、ミスゼロの観点でいえば、ヌケ・

モレを防ぐためのチェックリストの作成や、新入社員がミスなく仕事に取り組めるための手順書の作成、商品知識の勉強、後輩の育成なども「緊急ではないが重要な仕事」に含まれるでしょう。

これらの仕事は、すぐに成果に直結するものではないかもしれませんが、ミスゼロのための環境整備や仕事の質の向上、後輩のスキルアップなどにつながる重要な仕事です。**すなわち、よりよい未来をつくるための投資なのです。**「未来への投資」だと考えれば、「つい後回しに」していい仕事とはいえませんよね。

「緊急ではないが重要な仕事」は、決められた納期がないからこそ、意思を持って取り組む必要があります。そのためには、先にやる日を決めて、スケジュールに組み込むとよいでしょう。自分への約束として宣言し、必ず時間を取るようにします。

●「緊急ではないが重要な仕事」に注意

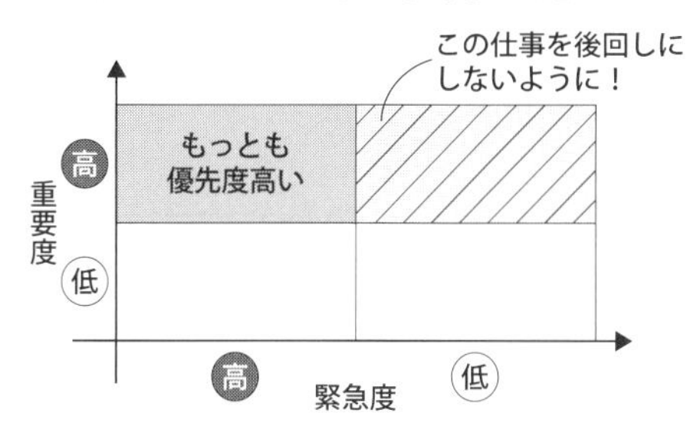

ミスの要因

急ぎの仕事や目の前の仕事ばかり優先させていると、「緊急ではないが重要な仕事」がつい後回しになってしまう。

具体的行動

「緊急ではないが重要な仕事」は、あらかじめ時間を確保して、スケジュールに組み込んでおこう。

023 割り込み対策

「集中タイム」を設けると、邪魔されない時間ができる

集中して仕事に取り組んでいるときに、「そういえば、あの件はどうなった？」と同僚から話しかけられる——。

ミスが起きやすいのは、まさにこういうときです。

あなたは手を止め、同僚の質問に答えるでしょう。そのあと、再び仕事に戻ろうとしても、いったん途切れた集中力を取り戻すのは大変です。余計なところに気が散り、目の前の仕事がおろそかになります。その結果、ミスを引き起こしてしまうのです。

普段の業務では、こうした周りからの割り込みが頻繁に起きます。上司から急ぎの仕事を頼まれたり、同僚や後輩から質問されたりして、集中したくてもなかなかできないものです。

ミスをなくすには、集中できる環境をいかに作るかが大事。

そのための方法として、「集中タイム」を設けてみてはどうでしょうか。この時間だけは周りの誰からも邪魔されたくない、という割り込み禁止の時間のことです。数字の計算やデータ分析、契約書作成など集中力の必要な仕事は、「集中タイム」を活用するようにします。

1日のうち1時間だけでも集中タイムを設け、「この時間は集中したいので、割り込み禁止の時間とさせていただけませんか」と周りに協力を求めると、仕事はグッとはかどるでしょう。

その際、デスク上に「集中タイム」と書かれた札を立てたり、共有のスケジュール表に書いたりするなど、「割り込み禁止」を周りに知らせることもお忘れなく。

「集中タイム」の実践が難しければ、共有のスケジュール表やスケジュールボードに「原稿作成」「請求書処理」などと書いて、自分の状況を伝えるのも有効な手段です。

割り込みには、相手が集中力の必要な仕事をしているとは知らずに、悪気なく割り込んでくるケースも多いものです。それに対しては、「今はこの作業に集中したい」ということが「見える化」されていれば、相手も遠慮するはずです。

誰にも邪魔されない時間や環境を、1日のうちでいくつか作ることを意識してみてください。そこに、集中を要する仕事をはめ込んでいけば、ミスをなくしていくことができます。

ミスの要因

集中力を要する仕事の最中に周りから割り込まれると、注意力が散漫になり、ヌケ・モレや入力ミスなどが起こりやすくなる。

具体的行動

1日1時間でも「集中タイム」を設けて、誰にも邪魔されない時間をもとう。

024 割り込み対策(対上司編)

自分の状況を伝えると、割り込みに先手を打てる

割り込みに振り回されるという声を耳にすることがよくありますが、受ける側にも問題がありそうです。

あなたは、割り込みは、「自分ではどうしようもない」と思ってあきらめていませんか。

「割り込みは仕方がない」と思うのは単なる思い込みです。割り込みは、自分の意思で減らし、なくすことができます。

ではどうするのか。割り込んでくる相手や、割り込みが発生する原因を特定した上で、対処法を考えていきます。

まず、上司からの割り込みです。

誰々さんにメールを送っておいてほしいとか、これについて調べておいてほしいとか、こちらの状況におかまいなしに仕事を頼んでくるのは、自分がどれだけの仕事を抱えているのかを上司が把握していないことが一因です。

「こんなに忙しいのに、なぜわかってくれないの？」と不満を抱くだけでは、問題は解決しません。**自分の状況を理解してもらうために、自分からも積極的に発信しましょう。**

たとえば、「午前中は重要書類の作成がありますので、もし急ぎの仕事があれば、朝一番に承ります」と、自分のスケジュールを伝えた上で交渉すれば、割り込みをコントロールすることができます。

上司の割り込みを見越して段取りを組むことも効果的です。

普段から聞き耳を立てて上司の動きを把握し、「そろそろこういった仕事を頼まれるかもしれない」と想定しておきます。それをもとに段取りを組んでおけば、急な割り込みに対して慌てることは少ないでしょう。

相手が上司であっても、自分のスケジュールを伝えたり、相手の動きを想像したり、相手と交渉したりすることで、割り込みを減らしていくことは十分に可能です。

段取りの主導権は、あなたが握らなくてはなりません。割り込みに対して意図的に対処することで、割り込みに振り回される状況を変えていくことができるのです。

ミスの要因

上司からの割り込み仕事が頻繁に入り、自分の仕事に集中できない。

具体的行動

上司に自分の状況やスケジュールを伝え、いつなら頼まれ仕事に対応できるかを交渉することで、割り込みをコントロールしよう。

025 割り込み対策（対同僚編）

マニュアルや手順書を作成すると、知恵を見える化できる

「これはどうやるんでしたっけ？」と、書類の書き方や操作方法を同僚や後輩からたずねられることも多いでしょう。

同僚や後輩からの割り込みも、あまりに多い場合は悩みの種です。そのたびに仕事が中断され、集中力が途切れれば、ミスにつながることもあります。

対処法としては、マニュアルや手順書を作成して、自分の頭の中にある知恵を「見える化」します。

たとえば、よく聞かれる書類の書き方は、注釈をつけたりサンプルを作成したりします。パソコンの使い方やシステムのオペレーションについては、簡単な手順書を用意します。業務の流れや手順のマニュアルを作成しておくのもよいでしょう。

新人に対しては、定期的に育成の場を作ることで、割り込みを減らすことができます。

新人の場合、「仕事の邪魔をしたくない」と遠慮して、わからないことがあっても質問できないことも多いでしょう。新人が自分勝手な理解で仕事を進めてミスを犯さないためにも、勉強会を

開いてしっかりと教育することは大切です。

そうはいっても、忙しい業務の合間をぬって、マニュアル作成や新人教育のための時間を捻出するのは容易ではありません。いつかやらなきゃと思いつつ、後回しになっている人も多いのではないでしょうか。

しかし、マニュアル作成や新人教育は、継続的に取り組んでおけば、その都度質問されて割り込まれる回数がグンと減ります。自分の仕事がやりやすくなることは間違いありません。

割り込み対策にかかわる仕事は、項目22で説明したとおり、「緊急ではないが重要な仕事」、すなわち「未来への投資」です。あらかじめスケジュールに組み込んで、対処していきましょう。

割り込み仕事も、工夫次第で減らしたり、なくしたりできることがおわかりいただけたでしょうか。

「割り込み仕事は仕方ない」ではなく、「どうすれば減らせるか、なくせるか」という視点で考えていきたいものです。

ミスの要因

書類の書き方や操作方法などについて、同僚や後輩から頻繁にたずねられることで、仕事中の注意力が散漫になる。

具体的行動

マニュアルや手順書の作成、新人への勉強会などを通して自分の知恵を「見える化」し、割り込みを減らしていこう。

026 割り込み対策（メール処理編）

メールは二段階処理で、仕事の流れを滞らせない

つい気になって見てしまうのが、メールです。

メールが送られてくると、「あ、メールが来たから返信しなきゃ」。そのたびに集中力が途切れ、ミスを引き起こしやすくなります。

かといって、あとでまとめて処理しようと思って、溜め込むのもよくありません。緊急を要するメールが放置されれば、機会損失やトラブルの原因にもなります。

仕事の集中力を途切れさせない頻度で、しかも溜め込まないうちに処理するのが理想です。そのためには、**メールに優先順位をつけ、二段階に分けて処理すると効果的です。**

まず、一次処理として、すべてのメールの内容を確認しながら、緊急の対応が必要かそうでないかを判断します。すぐに返信の必要なメールにはその場で返事し、残りの緊急性の低いメールは、どの時間帯に対応するかを決め、スケジュールに組み込んでいきます。たとえば、取引先からの質問メールは、15時～16時にまとめて返信。このように関連する業務の時間帯に組み込むの

がコツです。

二次処理としては、各時間帯に振り分けたメールを処理します。同質の仕事をまとめることで、頭の切り替えが少なくてすみ、ミス防止に効果的です。

まとめると、メールによる割り込みには、「優先順位をつける」→「必要な段階で処理する」という二段階で対応し、仕事の流れを滞らせないことが大切です。

● メールの一次処理・二次処理

STEP 1 まずはすべてのメールに目を通す

STEP 2 残りのメールを処理する

＊関連する仕事はまとめて処理すると
さらに効率UP！

ミスの要因

メールを受け取るごとに処理・返信していると、その都度、集中力が途切れて、ミスが起きやすくなる。

具体的行動

メールチェックは1時間に一度が目安。緊急度の高いメールを先に処理し、それ以外はあとでまとめて処理しよう。

027 集中力を持続させるコツ①

「50分→10分」のリズムで、仕事にメリハリをつける

やらなきゃいけないことがたくさんあると、少しの時間も惜しく感じて、休憩なんかとっていられないと思うかもしれません。

しかし、そんなときこそ、一息入れるのがおすすめです。

同じ仕事をずっと続けていると、そのうちマンネリ化し、集中力が途切れてきます。注意力が散漫になってダラダラし、細かい数字の見落としや、ヌケ・モレ、入力ミスなどが生じます。

適度に休憩をとったり、目先の異なる仕事を入れたりして、気分転換を行いましょう。それによって仕事の流れにメリハリがつき、集中力が増します。仕事がサクサク進むだけでなく、ミスも減らしていくことができるのです。

「たかが休憩」と思うかもしれませんが、適度な休憩を挟むことは、ほかのどんな対策よりも、ミス削減に効果を発揮することがあるのです。

金融機関の事務業務を専門に受託する某会社には、8年もの間、「ミスゼロ」の記録を更新し続けているチームがありました。このチームが1日で取り扱う事務の量は、1万事務量にもの

ぼります。年間にして230万事務量、8年で2000万事務量です。

なぜこれほど膨大な事務量を、ミスなくやり続けることができたのでしょうか。

そのチームが実践していたのが、「50分業務を続けたら、10分目先の違う仕事をする」ことでした。つまり、「50分→10分」のサイクルで仕事に取り組んでいたのです。

これによって仕事にメリハリが生まれ、ダラダラモードに陥ることなく、集中して仕事に取り組むことができていたようです。

「50分→10分」のサイクルを効率よくまわすには、「10分間」をどのように使うかがポイントです。

この10分間には、簡単にできる作業を組み込むとよいでしょう。たとえば、不要になった資料を片づけたり、別の部署へ届けものをしたり、メンバー同士で仕事量や仕事の内容を調整したりするなど、動きのある作業を取り入れると効果があります。

目先の異なる仕事を組み込むことで、脳につかの間の休息を与え、次の50分の作業を新鮮な気持ちで取り組む。こうしたメリハリが、ミスをなくしていくには効果的です。

ミスの要因

長時間、休憩をとらずに仕事を続けていると、疲れやマンネリから集中力が途切れ、ミスが起きやすくなる。

具体的行動

50分業務を続けたら、次の10分は目先の異なる仕事を組み込んで、仕事にメリハリをつけよう。

028 集中力を持続させるコツ②

作業を同質化すると、思考の拡散を防げる

請求書を作成している途中で、取引先へ連絡しなければならないことを思い出したとします。「忘れないうちにメールを送っておこう」と請求書作成の手を止めて、メール連絡を優先させていませんか。

実は、これはミスにつながる仕事の進め方です。

請求書作成という集中力が必要な仕事の途中で、メール送信という異質な仕事を挟むと、集中力が途切れてしまいます。

一度削がれた集中力を取り戻すことは、容易ではありません。その結果、宛先や金額などミスが許されない項目で入力ミスが起きるかもしれません。

では、この場合、どうするのが相応しいのでしょうか。

作業中に別の仕事を思い出したら、緊急を要する仕事を除き、To Doリストやスケジュール帳に忘れないようにメモしておきます。あとで同じような種類の仕事と一緒に処理するのが、ミスのない仕事の進め方です。

同じ性質の仕事を前後にまとめて取り組むことを、「同質化」

といいます。仕事をミスなく効率よく進めるには、この「同質化」が基本です。

たとえば、A社の請求書を作成するなら、B社やC社の請求書もまとめて作成します。仕事を同質化すれば、ほかのことに気が散ったり、思考が拡散したりするのを防ぐことができます。

●同質化によりミスを防ぐ

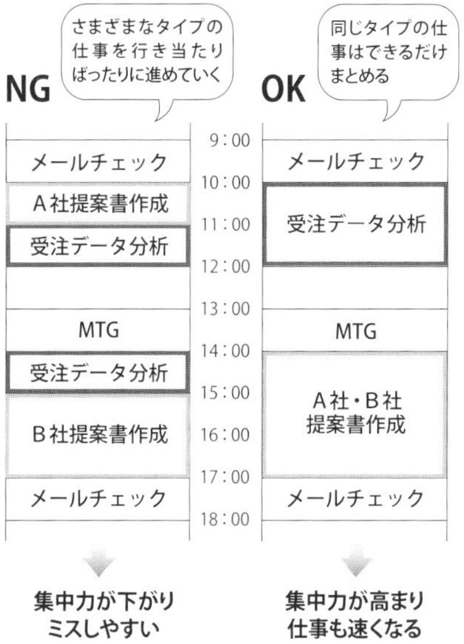

NG　さまざまなタイプの仕事を行き当たりばったりに進めていく

OK　同じタイプの仕事はできるだけまとめる

NG	時刻	OK
メールチェック	9：00	メールチェック
A社提案書作成	10：00	受注データ分析
受注データ分析	11：00	
	12：00	
MTG	13：00	MTG
受注データ分析	14：00	A社・B社提案書作成
B社提案書作成	15：00	
	16：00	
メールチェック	17：00	メールチェック
	18：00	

NG → 集中力が下がりミスしやすい

OK → 集中力が高まり仕事も速くなる

ミスの要因

ある作業の途中で、ふと思い出した作業や急に頼まれた仕事を挟むと、集中力が途切れ、ミスにつながりやすくなる。

具体的行動

ふと思い出した仕事は忘れないようにメモしておき、あとで同じ種類の仕事と一緒に処理しよう。

昼休みをなんとなく過ごすと、かえって疲弊する

昼休みをしっかりとったはずなのに、午後の仕事にイマイチ集中できないなぁ……。そんなふうに感じたら、昼休みの過ごし方を見直してみる必要があるかもしれません。

あなたは、昼休みをどのように過ごしていますか。

デスクで昼食をとったり、スマホゲームで遊んだり、友達のSNSをチェックしたり。最近の傾向としては、何かしらスマホをいじることが多いのではないでしょうか。

スマホを見ながらの休憩には、落とし穴があります。自分は休んでいるつもりでも、情報に触れるたび、脳はそれらを処理しなければならないので、かえって疲弊してしまうのです。

これは、自分のデスクで昼食をとる場合にもいえます。散らかったデスクは、それだけで脳を疲れさせます。資料の山を見れば、「これ、今日中に終わらせることができるだろうか」と先のことが気になってしまうからです。

昼休みは、午前中の仕事で疲れた脳を休ませ、午後への英気を養うための大切な時間です。そのことを意識しながら過ごしてみ

てはどうでしょうか。

私がおすすめしたいのは、スマホやPCに触れない「**デバイスデトックス**」です。一時的にでもデバイスから離れることで、脳を休めることができます。さらに、10分でも目を閉じて、情報をシャットアウトすれば、頭はかなりスッキリします。

脳をしっかり休めたら、脳にちょっとした刺激を与えます。いつもと行動パターンを変えてみましょう。

たとえば、昼食を食べる店を変えてみるとか、いつもと違う料理を注文してみるとか。特にデスクワーク中心の人は、外に出たり、誰かと話したり、意識的に違う世界や景色に触れるとよいでしょう。脳に刺激を与えることで、思考が活性化され、ひらめきが生まれやすくなります。

午後の仕事がミスなく進み、生産性を高められるかどうかは、昼休みの過ごし方にかかっています。なんとなく過ごすのではなく、脳をしっかり休め、脳に刺激を与える。メリハリのある昼休みを過ごして、午後に向けて気分を盛り上げていきましょう。

ミスの要因

何気なくスマホを見ながら昼休みを過ごすと、脳が休まらず、午後の仕事に差し障りが出るおそれがある。

具体的行動

昼休みはデバイスデトックスで脳をしっかり休めたあと、いつもと行動パターンを変えて脳に刺激を与え、午後への英気を養おう。

030 時間が足りないことへの対処法

やらないことを決めると、仕事をスリム化できる

人手は減っても、業務量は変わらない。仕事はますます忙しくなります。時間に余裕がないから、納期に遅れたり、丁寧に作業ができずにミスが起きたりする——。

こうした負の連鎖があちらこちらで見られます。

この状況から抜け出すにはどうすればいいのでしょうか。

効果的な方法が一つあります。**やらないことを決めて、仕事をスリム化するのです。**

まずは、次の問いを自分に投げかけてみてください。

「自分の担当業務は、すべて必要な仕事なのだろうか」。

「これはこういうものだ」と何の疑問も持たずに続けている仕事の中には、必要のない仕事もあるはずです。特に、長く携わっている仕事や、前任者から引き継いだ仕事は、ムダの温床になりがちです。「なぜこの仕事をするのか」という目的に立ち返って、仕事の棚卸しを行い、やらなくていい仕事は、思い切ってやめてみてはどうかと上司に提案してみることが大切です。

やらないことを決めるには、**「なくて何が困るのか」**の視点を意識するとよいでしょう。なくても困らない仕事は意外に多いものです。

あるチェーン店では、フランチャイズの加盟店向けに月2回、データ配信を行っていました。データ集計にかかる時間は丸1日。この業務を引き継いだ担当者は、作業に時間がかかるわりに、データが何に利用されているのか疑問だったと言います。

本部の人に聞いてもわからなかったので、加盟店に活用目的を聞いてみたところ、ほとんど使われていないことが判明しました。「なくて何か困ることがありますか」とたずねると、「いや、何も困ることはない」との返事です。協議の結果、データ集計の仕事そのものがなくなったそうです。

やらないことを決めて、仕事をスリム化できれば、仕事に振り回されなくなります。やるべき仕事に今まで以上に集中できれば、一つひとつの仕事の質が高まります。よりよい商品やサービスの提供につながるでしょう。

ミスの要因

仕事の必要性を吟味せずに、「あって当たり前」と思っていると、仕事はどんどん増えて、仕事に振り回される状況に陥ってしまう。

具体的行動

「なくて何が困る」の視点で仕事の棚卸しを行い、なくても困らない仕事は「やらないこと」に決めよう。

031 納期遅れ対策①

1.2倍で予定を組むと、不測の事態に備えられる

1時間でできると思ったのに、やってみたら1.5時間もかかってしまった――。こんな経験はありませんか。

予定時間をオーバーすれば、締め切りや納期に遅れてしまうかもしれません。せっかく立てた段取りも崩れてしまいます。

なぜ、このようなことが起きるのでしょうか。

それは、作業時間の見積もりが妥当でなく、スケジュールに余裕がないことが原因です。人は、**自分への期待や過信からか、作業時間を短めに見積もってしまう傾向があるようです。**

予定どおりに進まないなど不測の事態に備えるには、スケジュールに十分な余裕を持たせておくことが必要です。

スケジュールを立てるときは、見積もりの1.2倍の時間を確保しておくとよいでしょう。

そのために、作業時間を正しく把握することから始めます。

たとえば、100件のデータ入力に何分かかるのか、請求書を1件作成するのに何分かかるのかなど、作業時間を計測してみま

す。これを1週間ほど続けて記録すれば、普段の業務にどれだけの時間がかかっているのかを客観的に把握することができます。

文章を書いたり、企画書を作成したりする非定型業務については、考えたり情報収集したりする時間を省いて、アウトプットの時間だけを見積もるようにします。情報収集や内容を考えるための時間は、概算が難しいからです。

企画書なら、構成や内容が固まっている段階で、「1枚の企画書にまとめるのに何分かかるか」を計測して、その作業時間をスケジュールに組み込みます。アウトプットに必要な情報収集やネタ探しなどの準備は、事前にすませておくようにします。

スケジュールに余裕があれば、不測の事態が起きても落ち着いて対処できます。不測の事態には、上司から頼まれた仕事や、顧客からの緊急連絡など、周りからの割り込みも含まれます。

心に余裕を持って仕事に取り組める環境を整えておくことが、ミスをなくしていくには大切です。

ミスの要因

作業時間をギリギリに見積もっておくと、作業が予定通りに進まなかった場合に、納期に遅れたり、焦ってミスをしたりする。

具体的行動

スケジュールを立てるときは、見積もりの1.2倍の時間を確保して、スケジュールに余裕を持たせよう。

032 納期遅れ対策②

前倒し期限を設けると、ギリギリ体質から抜け出せる

一つ仕事が終わったと思ったら、すぐまた次の仕事の締め切りが迫っている。いつもギリギリだから、少しでも作業がずれ込めば即アウト。これでは気持ちが落ち着く暇もありませんね。

いつも「時間に追われている人」は、いつも「締め切りに追われている人」と言い換えることができます。

締め切りに振り回されるのは、もう終わりにしたいですか？
それなら、締め切りを自分でコントロールしましょう。
そのためのシンプルな方法は、「締め切りの前倒し」です。

仕事を完成させて上司や顧客に提出する「本当の期限」に対して、「できればここまでに仕上げたい」という「前倒しの期限」を自分の中で設定しておきます。

これに間に合うように段取りを組んでおけば、不測の事態が起きて予定どおりに仕事が進まなかったとしても、本当の期限まではまだ余裕があります。最終的な締め切りに間に合わせることは十分に可能でしょう。

前倒しで仕事を進めると、こんなメリットもあります。

たとえば、期限より前に仕事が完了し、提出できれば、受け取る側は「この仕事に最優先で取り組んでくれたんだな」と思うでしょう。あなたの誠意ある対応が高く評価されるかもしれません。

また、早めに提出することで、上司のフィードバックを受け、さらなる改善を加えられるかもしれません。

やはり一番のメリットは、時間に追われている感覚から解放されることです。**落ち着いた心で仕事に取り組めるので、ミスも起きにくくなります。**

ただし、すべてがギリギリで進行している状態から、前倒しのサイクルへと転換するのは容易ではありません。

方法としては、仕事が発生したらすぐに取りかかるようにして、前倒しのきっかけをつかみましょう。

子どもの頃、夏休みの宿題をさっさと片づけて、残りの休みを悠々と遊んで過ごす同級生はいませんでしたか。仕事にもぜひその感覚を取り入れて、気持ちの余裕を取り戻したいものです。

ミスの要因

いつもギリギリのスケジュールで仕事を進めていると、何かの理由で予定どおりに進まなかった場合、納期に間に合わなくなる。

具体的行動

「本当の期限」のほかに、「できればここまでに仕上げたい」という前倒し期限を自分の中に設定しておこう。

033 納期遅れ対策③

ナレッジワークは、8割の完成度でOKとする

完璧を求めると際限なく時間をかけてしまうのが、提案書・企画書作成のような新たな価値を生み出すような仕事、いわゆるナレッジワークです。「がんばって仕上げよう！」とする真面目な人ほど、“完璧を求める罠”にハマってしまうようです。

一つの仕事に時間をかけすぎてしまえば、ほかの仕事にしわ寄せが行ってしまいます。限られた時間の中で質とのバランスをどう考えるのか、頭を悩ませている人もいるでしょう。

私がご提案したいのは、「8割くらいの完成度でOK」とする考え方です。

追求すべき「8割」は何かといえば、仕事の肝になる部分を押さえることです。相手の期待がどこにあるのかを探り、そのポイントを押さえることに集中します。「この仕事の肝は何か」を理解し、その実現にエネルギーを傾けます。そのほかのことは切り捨てます。そうすることで、8割の完成度を目指します。

たとえば、私が業務効率化のコンサルティング提案のご依頼を

いただいた場合、大事にしているのは、「お客様が手に入れたいゴールを外さない」ことです。「顧客が求めているもの」つまりゴールイメージを把握し、それに焦点を当てることは、顧客の期待に応える提案書を作成するために外せない「肝」です。

提案書の分量はあまり関係ありません。分量が少なくても、伝えたいことが端的にまとまっていればOK。むしろ、顧客の期待から外れた内容では、どれだけ枚数を重ねても意味がありません。

つまり、「8割の完成度でOK」というのは、大事なポイントを外さず、メリハリをつけて仕事をすることです。

相手が期待するゴールを踏まえて仕事に取り組むことで、おのずと8割の完成度に達成します。また、肝を外さなければ、8割の完成度でも問題ありません。

どんなに忙しい中でも、「8割」の完成度は目指したいものです。しかし、仕事に投下できる時間と、その時間内にできることを見積もったとき、「到底8割の完成度には届かないな」という場合は、期限の延長を調整・交渉することも必要です。

ミスの要因

完璧を求めるあまりナレッジワークに時間をかけすぎると、ほかの仕事に十分な時間をかけられなくなる。

具体的行動

仕事の肝を押さえることに集中し、それ以外の部分は切り捨て、8割の完成度でOKとしよう。

034 納期遅れ対策④

上司を動かすと、手待ち時間をなくせる

上司の判断や作業が必要な仕事の場合、手待ち時間が発生することがあります。手待ち時間が長くなると、仕事の遅延や納期に間に合わない事態にもなりかねません。

そのようなとき、「上司はコントロールできないから、自分にはどうしようもない」とあきらめますか。

段取りの主導権は自分が握ることが大切だと、この本で繰り返しお伝えしてきました。

上司の動きが絡む手待ち時間も、例外ではありません。自分の仕事がスムーズに進むように、上司に働きかけ、上司に動いてもらうことをぜひ考えてみてください。

たとえば、上司の決裁が必要な書類を入れる「決裁箱」。必要な書類をすぐに見てもらうために、何ができるでしょうか。

手待ち時間が生じる原因を探ると、トレーの中に積みあがっていく書類を、上司が上から順番に見ているからかもしれません。もしそうなら、下に埋もれた書類はいつまでも未決のままです。

対策としては、書類を立てて、流れる仕組みを上司に提案しま

す。新しい書類を一番左に置き、上司は右の書類から目を通すことをルール化する。また、その日中に決済が必要なものは、付箋で「本日（○月○日）中」と見える化することも必要でしょう。

メールで上司に判断を仰いだり、相談したりするとき、早く返事がもらえるかどうかも部下の工夫次第です。すなわち、面倒だと思われて後回しにされないための書き方がポイントです。

優先順位が高くなるのは、部下の見解が示されていて、それに対して「イエス」か「ノー」で答えるだけでいいメール。反対に、相談を丸投げされるメールは、優先順位が低くなります。

上司に限らず、相手を動かすには、相手の負担を軽くすることを考えましょう。どのような仕組みやツールがあれば、どのような状況なら、相手は気持ちよく動いてくれるだろうか。この視点で考えれば、手待ち時間が発生しそうな状況を改善するために、いろんな工夫ができそうですね。

相手が気持ちよく、おのずと動いてくれるように導くことができたら、手待ち時間を減らせるだけでなく、手待ち時間によるあなたのストレスも解消されるでしょう。

ミスの要因

上司の決裁や上司からの返事を待つばかりで、何も手を打たなければ、手待ち時間が延びて、納期に遅れるおそれがある。

具体的行動

上司が気持ちよく動いてくれるよう、上司の負担を軽くするような仕組みや状況をつくろう。

035 先送りしないための工夫

仕事を小さく分解すれば、すぐに取りかかれる

「これをやらなきゃ」と思っていても、なかなか手をつけられないことはありませんか。

苦手意識のある仕事や、どこから始めていいかわからない仕事は、つい先送りしがちです。入力作業やメール対応よりも、提案書・企画書作成のような頭を使って新たな価値を生み出すナレッジワークに先送りが多いのではないでしょうか。

ぐずぐずしているうちに締め切りが迫って、最後は「エイヤ！」でやっつけ仕事。十分な時間を確保できなければ、質の低い仕事になるか、締め切りに間に合わない事態になりかねません。

一度に全部を仕上げようとするから、「なんだか大変そう」と億劫になって、先送りしてしまうのです。仕事にとりかかる心理的負担を軽くするには、大きな仕事の塊を小さな塊にほぐしてから、一つずつ着手するのがコツです。**大きな塊を小さく分解することを、「チャンクダウン」と呼びます。**

たとえば企画書を作成する場合、「コンセプトを考える」「概要

を書く」「本文を書く」「スケジュールを作成する」のように項目ごとに細かく分解します。やることが明確になれば、何から始めればいいかわからない不安はなくなります。

また、「一つずつ片づけていけば、ゴールにたどり着ける」という見通しも立ち、最初の一歩が踏み出しやすくなります。

塊は大きくなくても、「なんとなく気分が乗らない」という仕事もあるでしょう。

そのようなときは、**あれこれ考えずに「まずはやってみる」**ことが大事。初めは気乗りしなくても、やっているうちに調子が出てきて、サクサクと仕事が進むことはよくあることです。

先送りの誘惑に駆られたら、「今からやろうとしている仕事の塊が大きすぎるのかもしれない」と意識してみてください。

もしそうなら、まずは小さな塊に分解し、最初の一歩を小さく始めてはどうでしょうか。小刻みのステップで先送りをなくし、手に入れたいゴールに向かって歩みを進めていきましょう。

ミスの要因

ナレッジワークを一度に全部仕上げようとすると、何から始めていいかわからず、先送りの原因になる。

具体的行動

大きな仕事の塊を小さく分解し、一つずつ取りかかろう。

036 相手の期待を裏切らないために大切なこと

仕事の目的を理解しないと、完成イメージを共有できない

上司の指示どおりにやったつもりが「そうじゃないんだよな」と言われてしまう——。仕事に慣れないうちは、相手の期待に沿わない仕事の仕上がりになることもあるかもしれません。

「指示どおりにやる」というのがクセモノで、そもそも、仕事は言われたとおりにやるものではありません。仕事の目的を意識して取り組むことが、ミスをなくし、質の高い仕事をするには大切です。

たとえば、「過去半年の売上データを集計してほしい」と上司に頼まれたとします。上司は集計結果をどのように使いたいのか、データ集計を依頼した意図があるはずです。「月別の売上を比較したい」のか、「顧客ごとの売上を比較したい」のかによって、集計方法は変わります。

上司の意図を理解しないまま、自分勝手な解釈で月別に集計して提出すると、「顧客ごとの数字がほしかったのに」と相手の期待を裏切ることになります。改めて作成し直せば、時間も無駄になってしまいます。

指示された時点で目的が伝えられていないとしたら、上司の指

示の仕方にも問題がありますが、部下も自分から確認する必要があります。

目的を意識せずに仕事をすると、何のためにその仕事をやるかよりも、その仕事をこなすことが目的になり、相手の意に沿わない結果になってしまうのです。

相手の期待に応えるには、その仕事の目的だけでなく、完成イメージも共有することを心がけてください。

たとえば、資料を作成するなら、目的に沿った仕上がりにするにはどのフォーマットが適しているのか、項目は何を入れるのか、ビジュアルはどうするのか、など見せ方や作業の進め方に関して合意を得ておくとベターです。そうすれば、あとで「思っていたのとは違う」という事態は避けられます。

どんなに単純と思える仕事にも、目的があります。目的を意識した仕事には、そうでない仕事に比べて明らかな差が生まれます。**目的を意識しながら仕事をしていれば、「あの人に頼めば間違いない」と評価される人になれるでしょう。**

ミスの要因

仕事の目的を理解せずに作業を進めると、相手の意図に反した仕上がりになり、やり直しなどの二度手間が発生する。

具体的行動

仕事の指示を受ける際には、仕事の目的を確認するだけでなく、完成メージも共有しておこう。

ミスをしないための
コミュニケーション術

037 意思疎通がうまくいかない理由

自分起点で情報発信すると、相手には伝わらない

あなたのメッセージが相手に誤解される、もしくは十分に理解されていないとしたら、相手ではなく、あなたの伝え方に問題があるのかもしれません。

意思疎通がうまくいかないのは、自分が伝えたいメッセージを伝えようとするからです。つまり、「自分起点」の情報発信が最大の原因です。

え？　情報発信は自分起点でするものじゃないの？

怪訝に思われた方もいるかもしれませんが、**意思疎通に必要なのは、「相手起点」の情報発信です。「相手が知りたい情報を、相手にわかりやすく伝える」ことが重要です。**

後輩に仕事を教える場面を想像してみてください。

自分起点で考える人は、自分がよく理解していることは「相手も当然わかっているだろう」と思い込む傾向があります。特に、業界用語や専門用語、仕事の目的などはそうなりやすく、十分な説明がないまま話が進みがちです。後輩にそれらの知識がなければ、理解不足や誤解が生まれるのは避けられません。それが原因

で後輩がミスをしたなら、それは教えた側の責任です。

また、自分起点で考える人は、頭に浮かんだことをそのまま口にする傾向があります。そのため、話の主旨や流れがつかみにくく、聞く人を疲れさせてしまいます。話が伝わらないだけでなく、気づかないうちに相手を不快にさせているかもしれません。

正しく理解されるためには、話す前に相手起点で情報を整理することが大切です。相手が知りたいことは何か、どんな順番で伝えるとわかりやすいのか。相手が知りたい結論から先に話せば、相手も話の本質を理解しやすくなります。

相手視点で話を組み立てることで、相手が知りたいことをストレスなく伝えることができます。つまり、相手起点の情報発信は、相手への思いやりなのです。

相手起点で伝えられる人は、周りの人とも良好な関係を築くことができるので、仕事もやりやすくなるでしょう。

ミスの要因

相手が知りたいことを考えずに、自分が伝えたいことを一方的に話しても、相手の誤解や理解不足を招くだけである。

具体的行動

話す前に相手起点で情報を整理し、相手が知りたい目的や内容に沿って話を組み立てよう。

038 こんな報連相はNG

事実と意見が混同すると、上司は正しく判断できない

都合の悪いことを報告しなければならないとき、つい自分をよく見せようとして、希望的観測を伝えてしまうことがあります。

本人に悪気はなく、無意識でやっているのかもしれません。しかし、**事実が捻じ曲げられて上司に伝えられた結果、重大な判断ミスにつながるおそれがあります。**

こんな例が考えられます。新商品の内覧会を実施するために、いつもの部屋を予約してほしいと上司から頼まれました。ホテルに連絡すると、すでにその部屋には仮予約が入っていました。

ホテルの担当者：「まだ仮予約の段階なので、キャンセルになる可能性もあります。念のため別の大きめの部屋を仮予約されておき、ご希望の部屋の仮予約がキャンセルされたら、正式にそちらを予約されてはいかがでしょうか」

先約が仮予約なら、キャンセルされるかもしれない。そう考えて、上司にはこのように伝えました。

あなた：「すでに仮予約が入っているようですが、ホテルの人と交渉して、なんとか押さえてもらえそうです。大丈夫だと思います」

ここで問題なのは、事実と自分の意見を混同して伝えていることです。事実だけを伝えるなら、次のように言うべきです。

あなた：「希望する部屋は、すでに仮予約が入っていたので、少し大きめの別の部屋を仮予約しておき、希望の部屋のキャンセルを待つように勧められましたがいかがいたしましょうか」

自分の意見を述べる場合は、意見だとわかるような言葉を補足して、事実と区別するようにします。

あなた：「これは私のあくまでも考えですが、先約はキャンセルされるかもしれないので、希望する部屋は取れるのではないかと思います」

事実と意見を区別して報告すれば、上司は「それならいいが、念のため少し大きめの部屋を押さえておこう」と正しい判断ができます。

上司が求めているのは、事実の報告です。上司の誤解や判断ミスを招かないよう、事実と意見は区別して伝えることが大切です。「事実はこれ。意見はこれ」と情報を整理してから報告に臨むとよいでしょう。

ミスの要因

希望的観測から事実を捻じ曲げて報告すると、上司が正しく判断できず、判断ミスにつながる。

具体的行動

事実と意見を区別しよう。意見を伝える場合は、「これは私の感触ですが……」と付け加え、意見だとわかるようにして伝えよう。

039 上司が期待する報連相のあり方

上司がほしい情報は、ほしいタイミングで伝える

あるときは「報告が遅い！」と叱られ、あるときは「そんな詳細までいちいち報告しなくていい」と煙たがられる。報告のタイミングや内容に悩んでいる人もいるのではないでしょうか。

情報発信は「相手起点が大事」だと述べましたが（項目37）、これは上司への報連相でも同じです。報連相のタイミングがよくわからないという人は、「相手起点」を意識するとよいでしょう。

上司がほしい報告は何かを考えてみると、**上司が必要な情報を、ほしいタイミングで伝えられることです。**そうすることで、上司は必要なタイミングで部下をサポートできます。

こんな場面を想像してみてください。仕事でトラブルが起きているのに、上司に報告せず、結果的に納期に遅れてしまいました。もし、トラブルが発生した時点で報告していれば、上司がすぐに対策をとり、納期遅れは防げたかもしれません。

報告はタイミングが非常に重要です。どのタイミングで何を報告するか迷う場合は、上司から仕事を指示されたときに、報告のタイミングも一緒に確認しておくとよいでしょう。

また、報連相は「**おしとやか**」、と覚えておくのも手です。

「**お**」は、終わらないとき。何らかの理由で予定時間までに終わりそうにないときは、早めに報告・相談します。

「**し**」は、終了したとき。終了報告がなければ、その仕事はまだ終わっていないとみなされます。

「**と**」は、トラブルがあったとき。トラブルこそ早めの報告・相談が必要です。

「**や**」は、やりにくいとき。自分一人で悩まずに、早めに報告・相談するようにします。

「**か**」は、変えざるを得ないとき。たとえば顧客との交渉の場面で、上司の指示した条件を変えざるを得ないときは、早めに報告・相談します。

この5つのタイミングを意識すれば、上司が求める報連相を行うことができるでしょう。

報連相をタイミングよく行えば、上司からの適切なサポートを得て、仕事をミスなくスムーズに進めることができます。「相手起点」の報連相は、あなた自身の仕事の質を高めるためにも必要です。

ミスの要因

報告すべきタイミングで報告しないと、上司から適切なサポートを得られず、ミスや仕事の品質低下を招く。

具体的行動

上司から仕事を指示されたときに、報告のタイミングを確認しておこう。もしくは、「おしとやか」を意識した報連相を行おう。

区切りごとに進捗管理すれば、重大なミスを防げる

進捗を細かく報告させるのは、部下や後輩への干渉にならないだろうか。相手を信用していないと思われないだろうか。

そうした心配から、仕事はできるだけ任せたほうがいい、と考える人もいるでしょう。もちろん、相手がベテランならば、業務の勘所や落とし穴がわかっているので、任せておいても大丈夫でしょう。

ところが、相手が初心者の場合はそうはいきません。

初心者は、ミスに気づかず作業を進めてしまうかもしれません。その結果、意図しない仕上がりになるとか、取り返しのつかない重大なミスにつながらないとも限りません。途中でやり方がわからなくなって業務が中断すれば、納期に間に合わないおそれもあります。

初心者に対しては、都度の確認や修正を行っていく必要があるでしょう。業務のプロセスで進捗状況を細かく報告してもらい、作業が正しい方向に進んでいるかを確認することで、ミスを未然に防いでいきます。

そのためには、進捗確認のタイミングをあらかじめ決めておくことが大切です。仕事を一つの大きな塊で捉えるのではなく、いくつかの手順で区切り、その区切りごとに進捗を報告してもらいます。仕事の塊のほぐし方は、項目35で説明していますので参考にしてみてください。

たとえば、顧客データ管理表を作成する場合、業務のプロセスを次の三段階に分けることができます。①全体のフォーマットを作成する、②計算式を入れる、③データを入力する。各プロセスが終わった段階で、途中経過を一緒に確認しながら、進捗の報告を受けます。そうすることで、指示した側と指示される側の意図と解釈のギャップをなくしていくことができます。

確認のタイミングを決めたら、「これらの段階で必ず私に見せてください」と相手と合意しておくとよいでしょう。

過度な干渉は考えものですが、相手が初心者の場合は、わかりやすい指示を出したからといって任せきりでいいわけではありません。業務の習熟度合いを見ながら、その人に合った適度な働きかけでミスを防ぎ、お互いに気持ちよく仕事ができる環境をつくっていきましょう。

ミスの要因

相手が初心者の場合、指示をしたあと任せっきりにしておくと、不慣れな業務でミスを引き起こすおそれがある。

具体的行動

業務をいくつかの手順に区切り、その区切りごとに進捗を報告してもらい、業務が正しく進められているか確認しよう。

相手の状況に合わせて、言葉や伝え方を変える

頼んだとおりに仕事を仕上げない後輩に手を焼いている人もいるでしょう。「なぜ言ったとおりにやらないの？」と憤慨する前に、あなたの指示は説明が足りていたか、相手が理解できる内容だったかをもう一度点検してみるとよいかもしれません。

上司や先輩の立場にある人は、自分の知識や経験、スキルのレベルを基準にして、「自分がわかることは、相手もわかっているだろう」と思いがちです。基本的な仕事の進め方や業界の常識など、自分にとって当たり前のことについて説明を省いてしまいます。

ところが、新人や若手社員は知識も経験も少なく、わからないことがたくさんあります。しかも、**わからないことがわからない**、ということもあり、不明点がそのまま放置された結果、意図と解釈の違いを生み、ミスにつながってしまうのです。

指示を出すときは、自分起点ではなく、相手起点で伝えることが大切です。上司から部下への指示、経験者から初心者への指示など、経験や知識、スキルに差があるときは特に注意が必要で

す。相手のレベルを推し量りながら、相手に適した指示の出し方を心がけましょう。

相手起点で指示を出す上で欠かせないのが、確認です。

「これはやったことある？」「これは理解できる？」などと問いかけ、相手の経験値や理解度を把握します。加えて、「何に興味があるの？」「苦手なことはある？」のような相手の興味関心や得意不得意を探る質問もぜひ取り入れてみてください。

こうしたやり取りを通じて、相手の状況をよく知ることで、相手に合った言葉選びや伝え方ができるようになります。

相手起点を意識すれば、相手のやる気を引き出すような伝え方もできます。もし、相手がその業務を魅力的に感じていないときは、業務の目的や意図をしっかり伝えた上で、「あなたがやりたがっている分野の仕事にも関連していますよ」のように、相手が興味を持ちそうな新たな意味づけを与えるとよいでしょう。

相手が最大限の成果を出せるかどうかは、あなたの指示の出し方次第、と言っても過言ではありません。

ミスの要因

部下や後輩へ指示を出すとき、自分の知識・経験レベルを基準に伝えてしまうと、相手に指示が理解されず、ミスの原因となる。

具体的行動

対話を通して相手の背景や状況を知り、相手に合った言葉選びや伝え方で指示を出そう。

042 指示の受け取りミスを防ぐ方法

質問とセットで聞くと、指示受けミスを減らせる

上司の指示を受けるとき、よくわからない部分があっても、「こんな質問は見当違いではないだろうか」とか、「こんなことを聞くのは恥ずかしい」と思って、うやむやにしていませんか。

特に知識や経験が不足している人の場合、何がわからないのかがわからないことが悩みだと言います。上司への質問をためらって、不明点を放置したまま自分勝手な解釈で仕事を進めてしまえば、上司の意図や期待に沿った仕事をすることはできません。

指示をただ聞くだけでは、意図を正しく理解できない場合が多いものです。上司のタイプもさまざまですから、わかりやすく丁寧に指示する上司もいれば、「これくらい説明しなくてもわかるだろう」と思い込んで、詳細な情報を省く上司もいるでしょう。

上司の意図を正しく理解するには、不明点や不足している情報があれば、自分から積極的に質問して補うことが大切です。

的を射た質問をするためには、先の展開を想像しながら指示を受けるのがコツ。自分がその仕事に取り組むところを想像してみると、明確にイメージしにくい部分がでてくるものです。「この

場合はどうするのだろう？」「訴求すべきポイントはどっちだろう」。疑問が湧いたら、質問しながら明らかにしていきます。

こうした疑問を持つことが、指示を正しく理解し、正しい完成イメージにたどり着くためには大切です。

私が実際に受けた質問を紹介しましょう。

新たなセミナー用のコンテンツを企画し提案する際に、その提案書の「リード文＝説明文」の作成をスタッフにお願いしたときのことです。私がプログラム内容を一通り説明すると、彼女はこう質問しました。

「このプログラムが、他と圧倒的に違う点は何ですか」

ポイントを押さえた質問だと思いました。提案書をつくる狙いは、他との違いを打ち出して、自分たちのプログラムを採用いただくことです。彼女のこの質問があったことで、その目的を達成するための訴求力の高い提案書が完成しました。

上司の指示に対して、質問をためらう必要はありません。むしろ、あなたが質問することで、指示を正しく理解しようとする姿勢が上司に伝わり、好印象を与えることになるでしょう。

ミスの要因

上司の指示をよく理解しないまま、自分の解釈で仕事を進めると、上司の意図に反した仕上がりになってしまう。

具体的行動

自分がその仕事に取り組むところを想像しながら上司の指示を受け、不明点や情報不足があったら、自分から質問して補おう。

043 意図が正しく伝わる話し方

頭の中で筋道を立てると、話が伝わりやすくなる

上司や周りの人を説得して、理解と協力を求める場面で、なかなか意図する結果が得られない。こうした問題に直面したら、自分の伝え方を見つめ直すチャンスかもしれません。

伝え方を改善することで、やりたいことが実現できる可能性が高まります。

相手を説得するには、相手が知りたい情報を伝え、納得してもらわなければなりません。

ところが、伝え方に問題がある人は、自分が伝えたいことを一方的に話す癖があるため、相手にとって情報が不足していたり、ポイントがずれたりしてしまうのです。

意図を正しく伝えるには、話す前に相手起点で情報を整理することが大切です。相手はどのような目的で、何を知りたいのか。これらを意識して話を組み立てることで、こちらの意図が正しく伝わります。

話を組み立てる際に、伝えるためのフレームワークをもっておくと便利です。代表的なフレームワークを紹介しましょう。

●PREP法

まず結論（Point）を伝え、理由（Reason）と具体例（Example）で結論を補足し、最後に再び結論（Point）で締めます。理由や具体例を述べることで、説得力のある伝え方ができます。

●ホールパート法

まず話の全体像（Whole）を伝えてから、本論（Part）を説明し、最後に改めて結論（Whole）を伝えます。全体像→本論の流れにすることで、聞き手は頭の中を整理しやすいのが利点です。

●事実所感法

事実を述べた上で、所感を伝えます。事実と所感を分けることで、聞き手が状況を正しく理解することができます。

これらのフレームワークを、伝えたい相手や目的に合わせて選べば、こちらの意図を正しく伝えることができるでしょう。

周りを巻き込む力は、チームやプロジェクトなどいろんな場面で必要になってきています。伝えるスキルを磨いて、周りに協力を得、質の高い仕事を成し遂げていきましょう。

ミスの要因

思いついたことを一方的に話すだけでは、意図が正しく伝わらず、相手の理解や協力を得ることができない。

具体的行動

相手起点で情報を整理し、頭の中で筋道立ててから話し始めよう。

044　気軽に聞ける環境づくりのコツ①

良好な人間関係を築くと、周囲に相談しやすくなる

仕事でわからないことを質問したいけれど、みんな忙しそうで声をかけづらい。そのような経験は誰にでもあるでしょう。

最近は残業削減の取り組みが一般的になり、限られた時間と人数で業務を行なわなければなりません。一人あたりの業務量が増え、職場の誰もが忙しい状態です。仕事でわからないことがあっても、質問しにくい空気が流れているという話をよく聞きます。

このことが、ミスを引き起こす要因にもなっています。**わからないまま自己流で仕事を進めてしまうと、あとでやり直しが必要になり、二度手間になります。**また、やり方がわからずに作業が止まってしまえば、納期に間に合わなくなるおそれもあります。

誰もが質問しやすい環境をつくるには、普段から職場でのコミュニケーションを心がけて、お互い気軽に質問や相談ができる関係を築いておく必要があります。

すぐにできることとして、挨拶から始めてみてはどうでしょうか。自分から進んで「おはようございます！」と挨拶し、忙しそうな同僚を見れば、「お疲れ様。何か手伝うことはある？」と声

をかけます。円滑な人間関係を築くには、自分が主体的に働きかけることが大切。その先に、自分がためらわずに質問や相談ができ、相手も嫌な顔をせずに応じてくれる状況が生まれます。

自分から周りに働きかけると同時に、周りの人が挨拶しやすく、声をかけやすい人を目指しましょう。
「声をかけやすい人」とは、たとえばパソコン作業中に声をかけられたら、パソコンの手を止め、相手に正対し、対応してくれる人です。どうしても手が離せないときは、「今は時間がないけれど、いつなら大丈夫」ときちんと代案を示してくれます。

反対に、パソコンから目も離さず、片手間で答える人には、話しかけるのをためらってしまいます。自分はそのような応対をしていないだろうか、と時々省みることも大切です。

質問しづらい空気が漂う職場では、仕事の抱え込みも増えます。普段からコミュニケーションを心がけて、気軽に質問できる環境をつくっていきましょう。

ミスの要因

声をかけにくい空気が職場に流れているために、わからないことがあっても質問や相談できず、自己流で進めてミスを引き起こす。

具体的行動

自分から進んで挨拶し、気軽に質問や相談できる関係を周りの人と築いておこう。

045 気軽に聞ける環境づくりのコツ②

普段から人を助けていると、困ったときに助けてもらえる

自分の苦手な分野を担当しなければならないとき、「得意な人にコツを教えてもらえたらスムーズに進められるのに…」と思うことはありませんか。

でも、誰に聞けばいいのかわからないし、いきなり「教えてください」「力を貸してください」とも頼みづらい。なんとか自分一人で解決しようとすれば、時間がかかりすぎたりミスが生じたりしてしまいます。

そうした事態に陥らないよう、誰が何を得意としているのかを把握しておき、いつでも気軽に知恵を借りられるような関係を築いておきたいものです。

いい人間関係を作るための第一ステップとして、**自分から周りに働きかけることを意識してみましょう。**「教えて」「力を貸して」と要求する前に、自分から与えられるものはないか考えてみます。困っている人がいれば、「私も手伝おうか」と手を差し伸べ、相手に役立つ情報を惜しみなく与えるのです。

人は、助けてもらった人に対して、自分も力になりたいと思う

ものです。あなたが困っているとき、その人が知恵を貸してくれたり、それを得意とする人を紹介してくれたり、何らかの形で力になってくれるはずです。

ただし、「いつか力を貸してもらうときのために、与えておこう」という打算的な考えはしないほうが賢明です。

真にホスピタリティの高い人は、相手が喜ぶことが自分の喜びであり、誰かの役に立てることを素直にうれしいと感じます。ギブ＆ギブの姿勢が、結果的に周りを巻き込む力になるのです。

若いうちは自分一人で完結できる仕事が多いかもしれませんが、年次を経て仕事の規模が大きくなったり、リーダーを務めたりするようになれば、そうはいきません。社内ブレインの重要さが身にしみてわかるときがくるはずです。

リーダーの仕事は、定型的な仕事ばかりでなく、非定型な問題解決の連続です。一人でできることには限りがあるからこそ、周りのいろんな人たちの力を借りながら問題解決していくことが求められます。

リーダーになる前に社内ブレインとの良好な関係を築いておけば、いずれリーダーになったときに役に立つはずです。

ミスの要因

苦手分野の仕事も自分で抱え込み、知見のないまま仕事を進めると、ミスが生じたり仕事の質が下がったりする。

具体的行動

普段から困っている人には手を貸そう。そうすれば、自分が困ったときに力を貸してくれる人が現れる。

046 ミスを未然に防ぐための習慣

周りへの関心を持つと、気が利くフォローができる

自分自身のことはよくわからなくても、他人のことには気づきやすい、ということはありませんか。

普段から周りで起きていることに注意を払っていると、「これを放っておいたらミスにつながるかも」といった兆候に気づくことがあります。そんなとき、さりげなくフォローすれば、周りの人のミスや不備を未然に防ぐことができます。

たとえば、こんなケースが考えられます。後輩が上司から、「開発部の山本さんに連絡をするように」と指示を受けました。それを近くで聞いていたあなたは、こんなふうに思いを巡らせます。

「開発部には山本さんが2人いて、うちの部署と関係があるのは女性の山本さんのほうだ。でも、後輩はまだこの仕事を担当して日が浅いから、そのことを知らないはず」

あなたは後輩にそのことを伝え、起きていたかもしれない後輩の連絡ミスを未然に防ぐことができました。

こうしたことは、何も情報共有の仕組みを作るとか、コミュニ

ケーションのルールを決めるとか、大袈裟なことは必要ありません。自分の目と耳を使って周りの出来事に関心を持つだけで、ミスを防止できるのです。「空気が読める人」は、周りの状況をよく把握し、ミスなく仕事をスムーズに進められる人でもあるのです。

ミスの兆候に気づいていても、行動に移さなければ、どうなるでしょうか。ミスを未然に防げなかっただけでなく、「気が利かない人」と思われ、周りからの信頼も失ってしまうでしょう。
「気づいていたなら言ってくれれば、やり直さなくてもすんだのに」とか、「その情報を伝えてくれていたら、お客様にもっといい提案ができたのに」とか、周りから残念がられる状況を繰り返さないようにしたいものです。

周りで起きることの先の展開を予測し、相手のことを思いやりながら、行動することを心がけましょう。「このままいけば、問題が起きそうだな」と気づいたら、ミスが起きないようにさり気なくフォロー。そうすれば、「気を利かせてくれてありがとう」と周りの人から喜ばれ、感謝される人になれるでしょう。

ミスの要因

周りへの関心が薄いと、周りの人の言動にミスの兆候があっても見逃してしまう。

具体的行動

普段から周りの出来事に聞き耳を立て、状況を把握し、周りの人のミスや不備に気づいたら、さり気なくフォローしよう。

047 仕事のつなぎ目でのミス防止策

担当範囲を決めておくと、ヌケ・モレを減らせる

チームで仕事をしていると、「あれ？　○○さんがやってくれると思っていたのに……（やってない）」ということが時々起こります。希望的観測から確認を怠った結果、誰もその作業をせず、ヌケ・モレが生まれてしまうのです。

ヌケ・モレが発生する理由は、ほとんどの場合、誰がどの作業を担当するかを整理できていないことが原因です。

作業のヌケ・モレを防ぐために大切なことは、「これは誰がやる」という作業の分担・担当範囲を決めておくことです。

分担方法は、プロセスごとに分ける場合と、役割ごとに分ける場合が考えられます。どちらの場合も、ヌケ・モレが生じやすいのは「つなぎ目」の部分です。

たとえば、プロセスごとに分担する場合、前工程から後工程への引き継ぎ部分に空白が生じやすくなります。また、役割ごとに分担する場合は、仕事が重なる部分に注意が必要です。

つなぎ目付近で発生しそうな作業を細かく洗い出し、担当を割り振るようにしましょう。

ヌケ・モレを防ぐには、想像力を働かせることがポイント。どんなヌケ・モレが生じる可能性があるのか想像し、それらを一つひとつ潰していくのです。

連絡が必要な場合は、「誰が連絡するか」「外部からの窓口になるのは誰か」「変更が生じたら誰がどのタイミングで知らせるか」——これらを事前に明らかにしておきます。

そうはいっても、すべてを予想するのは不可能です。想定しなかったことが発生した場合は、その都度相談し、誰が担当するかを決めていきます。

これを繰り返すことで、つなぎ目のミスを減らしていくことができます。それによってチーム力も高まり、仕事の質はどんどん上がっていくでしょう。

ミスの要因

作業の分担や担当範囲が決まっていないために、「きっと誰かがやるだろう」と皆が希望的観測で動き、ヌケ・モレが生じる。

具体的行動

前工程から後工程への引き継ぎ部分や、役割が重なる部分で発生する作業を洗い出し、誰が何をやるかを事前に決めておこう。

第4章

ミスをしないための整理術

048 ミスゼロ整理の基本①

捨てるルールを決めれば、ものは増えなくなる

デスクまわりが書類やものであふれ、大事な書類は紛失するし、必要なものもサッと取り出せない。ものが多すぎるためにミスをする人に共通するのは、「ものを捨てられない」ことです。

身のまわりのものは、何もしなければ増える一方です。

はじめて契約がとれたときの提案書や年賀状、招待状などの“思い出の書類”、顧客からもらったお礼の手紙……。なかなか捨てられないものもあったりします。しかし、すべてを残すのは賢明とはいえません。

何でもかんでも溜め込まないためには、「捨てるルール」を明確にしておくことがおすすめ。ルールがあるだけで、捨てることへ意識が向き、行動しやすくなります。

捨てるルールは、「スペース軸」と「時間軸」で考えます。

「スペース軸」は、ものを置くスペースを決めておき、その範囲内に収まらないものを捨てるということです。たとえば、「ペンは赤・青・黒各1本だけ」と決めておき、使い古したペンを1本捨ててから、新しいペンを1本追加します。

一つ捨ててから、一つ増やす。これを守ることで、ものが際限なく増えるのを食い止めることができます。

「時間軸」は、一定期間が過ぎたものや情報は捨てるということです。たとえば、「書類は仕事が完了してから1年間経ったら捨てる」、あるいは**「過去半年の間に一度も見なかった書類は捨てる」**と決めておけば、情報の鮮度を保ちながら、書類の増え過ぎを防ぐことができます。

私は以前、自宅の書棚の本を1000冊ほど処分したことがあります。「過去1年一度も手に取らなかった本」と、「自分の中でブームが去ったカテゴリーの本」を自分のルールにしました。

処分してみると、自分の好きなものや必要なものだけに囲まれて暮らすことの心地よさを改めて実感！　雑多な環境で必要なものを選び出すストレスから解放されて、書棚も私の心もスッキリと軽くなりました。

捨てられないと悩んでいる人は、自分なりの「捨てるルール」を決めましょう。捨てるルールを決め、捨てる決断と覚悟ができれば、片づけや整理は9割うまくいったといっていいでしょう。

ミスの要因

書類やものが捨てられないと、デスクまわりが散らかって、ミスの温床になる。

具体的行動

スペース軸と時間軸で「捨てるルール」を決め、そのルールに沿ってものを捨てよう。

049 ミスゼロ整理の基本②

定置管理を徹底すれば、机の上は散らからない

「あれ、どこだっけ？」と、散らかったデスクまわりで探し物に追われている人は、自分のある傾向に気づいていますか。

おそらく、次のような行動パターンが見られるはずです。使ったものを置きっぱなしにしたり、「とりあえずここに置いておこう」と適当な場所に置いたりしているのではないでしょうか。

その結果、どこに置いたのかわからなくなり、探すのにムダな時間を費やしたり、いざというとき必要なものを取り出せなかったりするのです。

使ったものを置きっぱなしにする癖を直せば、デスクまわりが散らかるのを防ぐことができます。

新たな習慣として、書類や道具を使ったら、元あった場所に戻すことを心がけましょう。**あるべきものをあるべき場所で管理することを、「定置管理」**と呼びます。定置管理は、整理整頓の基本です。

使い終わったものを元の場所に戻すのに、それほど時間はかかりません。たったの数秒です。その手間を惜しまなければ、デスクまわりをスッキリした状態に保つことはそれほど難しいことで

はありません。

定置管理を習慣づけると、余計なものが増えなくなるというメリットもあります。
そもそも、ものが際限なく増えていくのは、「探しても見つからないから、買い足す」ことが原因です。
ものの住所が決まっていれば、その場所で管理できる量がおのずと決まります。たとえば、ペン立てには赤・青・黒を1本ずつと決め、それらを定置管理すれば、「赤ペンが見つからないから、赤ペンを買い足す」ということがなくなります。

自分に必要なものを定置管理するようになると、心の余裕が生まれます。余計なものに心を乱されず、目の前の仕事に集中できるので、仕事の質も高まります。
ミスのない仕事は、乱れのないデスクまわりから。まずは、あるべきものがあるべき場所にある状態をつくり、気持ちよく仕事ができる環境を整えましょう。

ミスの要因

使い終わったものを適当な場所に置くと、デスクまわりが散らかる原因となる。

具体的行動

ものの住所を決めて、使ったあとは元の場所に戻す「定置管理」を徹底しよう。

050 ミスゼロ整理の基本③

毎日5分の片づけで、机まわりは綺麗に保てる

デスクの上をきれいに保ちたいけれど、時間が経つにつれて乱れていき、元の散らかった状態に戻ってしまう――。

「片づけの習慣化」に、多くの人がつまずいています。

その原因を探ってみると、「片づけが大事なのはわかっているけれど、緊急ではない。毎日の忙しさに紛れて、つい後回しになってしまう」ことがあるようです。「いつか片づけの時間を取りたいけれど、なかなか時間が取れない」のが実情のようです。

片づけは、一気にやろうとするから、ハードルが高く感じます。**少しの時間でも、毎日続けるのが習慣化のコツです。**

1日のうちの、たった5分でも構いません。5分以内でできる小さなことを、毎日必ずやる。これをルール化することが大切です。

終業前の5分を使って、デスクの上を片づけてから帰ると決めておくのも一つの方法です。会社によっては、デスクの上のものをすべて引き出しにしまってから帰るというルールを徹底しているところもあります。

あるいは、朝、出勤したらまず、自分のデスクと棚の上を綺麗に拭き上げるのもいいでしょう。拭くには、デスクの上を片づけなくてはなりません。これを習慣にすることで、自然とデスクが片づけられるのです。実際、朝の拭き掃除を日課にしているという女性会社員の方がいらっしゃいました。

毎日5分の片づけを習慣づけるだけで、デスクまわりをきれいな状態に保つことができます。

これに、まずは3日間、取り組んでみましょう。3日間続けられたら、自分にちょっとしたご褒美をあげるなどして、自分をほめてあげましょう。

その次は、3週間です。「サボっていたら、声をかけてね」と周りの人にも協力してもらいながら、3週間を目指します。3週間続けられたら、習慣化はほぼ成功したと考えて大丈夫です。

前日の終業時、もしくは朝の5分を使ってデスクまわりをきれいにすれば、その日は朝から気持ちよく仕事を始められます。朝のスタートダッシュが効いて、その日1日をリズムよく過ごすことができるでしょう。

ミスの要因

毎日の忙しさを理由に片づけを後回しにしていると、デスクまわりは散らかった状態にすぐ戻ってしまう。

具体的行動

1日5分の簡単な片づけを、ルール化しよう。

051 デスクまわりの戦略基地化

レイアウトを考えるときは、作業動線と使用頻度がカギ

ものが片づけられたきれいなデスクでも、仕事がしやすいかどうかは、また別の話です。

たとえば、毎日使うものが2段目の引き出しの奥にしまわれていたら、どうでしょうか。奥から取り出すのが億劫になって、それなしで仕事を進めようとして、ミスにつながるかもしれません。

きれいに片づいているだけのデスクまわりが、ゴールではありません。私たちが目指すのは、必要なものがサクサクと取り出せて、仕事をスムーズに進めるための戦略基地です。

デスクを戦略基地化するためのポイントは、作業動線と使用頻度を考えたレイアウトです。

電話対応を考えると、ペンはすぐ取り出せるようにペン立てに立て、メモと一緒に利き手側に置いておくのが使いやすいレイアウトです。電話機をその反対側に配置すれば、電話が鳴ったらすぐに必要なものを手に取ることができるでしょう。

引き出しの中も、使用頻度を考えて収納するものを決めていきます。三段タイプの引き出しの場合は次のようになります。

- **上段――よく使うが、デスクの上に置くほどではない文房具**
- **中段―― 一筆せんなど、上段よりも使用頻度の低い文房具**
- **下段――本や書類を収納。ファイルボックスなどを活用して重ね置きしない**

各段は、「手前」「中」「奥」と3分割してレイアウトを考えると効果的です。よく使うものは引き出しの手前、あまり使わないものは引き出しの奥にしまいます。

6秒以内で必要なものが取り出せれば、戦略基地として合格です。「あの資料見せてくれないか？」と上司から急に言われて、あなたは何秒で取り出すことができますか。

もし、6秒以上かかってしまうなら、あなたのデスクには改善の余地がありそうです。

動線を意識したレイアウトを工夫して、最高のパフォーマンスを発揮できるデスクまわりを目指しましょう。

ミスの要因

よく使うものが取り出しにくい場所にしまわれていると、毎回取り出すのが億劫になり、ミスの要因となる。

具体的行動

作業動線と使用頻度を考えたレイアウトを工夫し、デスクまわりを戦略基地化しよう。

052 さっさと捨てられないときに便利な思考法

「なくて何が困る？」と、発想を転換する

ものを増やさないためには、捨てることが大事。わかってはいるけれど、「いつか使うかもしれない」とか「念のため」と思うと捨てられない、という人もいるでしょう。

「あったら便利」で考えていると、ものは増える一方です。ものへの執着から捨てられないときは、こんなふうに発想を180度転換してみてはいかがでしょうか。

「あったら便利」ではなく、「なくて何が困る？」。

たとえば、前任者から引き継いだ書類を、「これがなくて何か困ることはあるだろうか？」と考えてみます。あるいは、当たり前のように続けてきた仕事について、「もっとラクな方法はないだろうか？」と考えてみます。

このように、「なくて何が困る？」という視点でものや仕事の必要性を検証してみると、なくても困らないケースが意外に多いことに気づくはずです。

また、ものを持つことのコストを意識してみると、同じデスク

まわりの風景が違って見えてきます。

多くの人が忘れがちですが、**実は、ものがあるだけでコストが発生しています。**購入時のコストだけでなく、ものが置かれているスペースにもコストがかかっていると考えてみてください。

本来、仕事に必要な道具は、それを使うことでより高い価値や利益を生み出すためにあるものです。活用されずに寝かされているだけのものは、何ら価値を生み出していません。むしろコストだけかかっているのは、デッドスペースを生み出すデッドストックです。

「これを持つコスト以上の価値を生み出しているだろうか？」

この視点から、本当に必要かどうかを見直すことが大切です。

「なくて何が困る？」の視点と、「ものを持つコスト」の意識。この2つを念頭に置いて要らないものを捨てていけば、デスクまわりには「使うことで価値を生み出すもの」だけが残るはず。戦略基地としてのデスクに大きく近づくことは間違いありません。

ミスの要因

「あったら便利」で考えていると、ものが増える一方。散らかったデスクまわりでミスが起きる原因となる。

具体的行動

「なくて何が困る？」の視点で必要性を検証し、要らないものは捨てよう。

053 捨てるか残すか迷ったときの対処法

「迷い箱」をつくると、捨てる覚悟ができる

書類を捨てるルールとして、研修やセミナーでお伝えしているのは、「過去半年間一度も見なかった書類は捨てる」ということです。ただし、法定保存年限が定められているものは、その限りではありません。

そして、捨てるか残すかを決めるのは、10秒以内が目安です。タイムリミットを意識すれば、迷いを絶ちやすくなります。

それでも、「もしかすると使うかもしれない」と気持ちが揺れて、捨てる覚悟がつかない場合もあるでしょう。

そのようなときに活用したいのが、**「迷い箱」**です。幅10センチほどのボックスファイルを用意し、捨てるか残すか迷った書類をこの箱に入れ、いったん判断を保留にします。

これは頻繁に使う書類ではないので、3段目の引き出しの奥にでも置いておきます。そして、3カ月経った時点で改めて箱の中を点検し、一度でも見た書類は残し、一度も見なかった書類は今度こそ廃棄します。

これを参加者の方々に実践していただくのですが、**迷い箱に入**

れた書類を3カ月のうちに一度でも見たという人は、50人のうち1人だけでした。また、一度も取り出さなかった書類を捨てて「あとで困った」という話も聞きません。

つまり、半年間一度も見なかった書類は、捨てても困らない書類なのです。

迷い箱での猶予期間を経ることで、「やっぱり一度も見なかったな。捨てても問題ないだろう」と覚悟ができます。捨てる覚悟がなかなか持てない人は、ぜひ迷い箱を活用してみてください。

捨てるかどうか迷った書類がその辺に乱雑に置かれてしまうと、デスクの上が散らかって、書類が紛失する原因になります。それを防ぐためにも、迷い箱があると便利です。

ミスの要因

迷って捨てられない書類をその辺に乱雑に置いてしまうと、デスクの上が散らかる原因となる。

具体的行動

「迷い箱」を用意し、捨てるか残すか迷った書類を一時的に保管し、3カ月間一度も見なかった書類は、捨てよう。

書類を立てると、「見える化」できる

職場を見渡してみると、書類が山積みになっているデスクもあれば、書類が一切置かれていないきれいなデスクもあるでしょう。同じような仕事をしていても、このような違いが生まれる原因は、書類の置き方にあります。

書類が山積みのデスクでは書類が平積みされ、そうでないデスクでは書類は立てられているはずです。

デスクの上に書類が溜まるのは、平積みが一番の原因です。

では、平積みすると、何が問題なのでしょうか。

それは、書類が平積みされて滞っている場所では、何かしらのミスが発生するからです。

書類の上に別の書類が置かれていくと、重要な書類とそうでない書類が分類されず、ごちゃ混ぜに積まれていきます。重要な書類があっても気づかずに、放置されるおそれがあります。山の下のほうから、なくしたと思っていた重要な資料や、期限の過ぎた申請書類が出てくるかもしれません。

書類を滞らせないためには、「書類は立てる」が基本です。

案件や進捗ごとにクリアファイルに入れ、ファイルボックスを使って立てます。書類は立てることで「見える化」されるので、重要書類が紛失することなく、必要なときにサッと取り出せる状態をつくれます。

中には、「平積みにしていても、どこに何の書類があるか把握しているから大丈夫」という人もいるかもしれません。確かに、自分だけの空間ならそれでも問題ないでしょう。

しかし、職場では、チームメンバーと連携しながら仕事を進めています。自分が不在のときも、他のメンバーが必要な書類を探しやすい状況をつくっておくことは大切です。

書類が5センチ以上積み上がっている人は要注意です。**書類の山があるところにミスあり**、です。

まずは、日々発生する書類を「とりあえず」と無造作に置くのをやめましょう。ファイルボックスを用意して書類を立てることをルール化し、書類を重ね置きしないようにします。

たったそれだけで、デスクの上はかなりスッキリします。

ミスの要因

書類をデスクの上に平積みにすると、書類が滞って山になり、重要書類が下のほうに放置されるなどのミスにつながる。

具体的行動

書類はファイルボックスを使って立てて置き、「見える化」しよう。

055 書類を溜め込まないための整理法②

「保管→保存→廃棄」の流れが、書類の管理を円滑にする

前項で説明したとおり、書類をボックスに立てることで、デスクの上はかなりスッキリしたことでしょう。

しかし、それだけでは、いずれ書類であふれるデスクに逆戻りするおそれがあります。ボックスが書類で一杯になれば、入り切らない書類がデスクの上に平積みされていくからです。

書類の整理でもう一つ大事なことは、「流す仕組み」を作ることです。つまり、書類を一つの場所に長く留めない、滞らせないことです。**キーワードは、「保管→保存→廃棄」です。**

ボックスの中の書類は、作業が終わったら、残すか捨てるか選別します。要らない書類は捨て、必要な書類だけを残します。

その上で、残す書類はファイルに「保管」します。このとき、あとで探しやすいよう、顧客別、テーマ別、時系列などで分類しておくとよいでしょう。ファイリングした書類は、デスクの引き出しやキャビネットで保管します。

書類は、いったん保管して終わりではありません。

保管した書類も、時間の経過とともに、頻繁に使う書類と、あまり使わない書類に分かれていきます。頻繁に使うものは残し、使わなくなった書類は廃棄します。もしくは、保存すべき法定年限が定められているものは書庫で「保存」します。

保存される書類は、いざ監査を受けたときにすぐに取り出せればいいので、「紛失せずに存在している」レベルで問題ありません。法定年限を過ぎたら、「廃棄」します。

書類を確実に流すために大切なことは、運用ルールを決めておくことです。「どのくらいの期間、保管するのか」、保管期限が過ぎた時点で「誰がどのように廃棄するのか」、あるいは「誰がどのように保存するのか」。これらのルールのもと、「保管」から「保存」、「廃棄」へと書類を流していけば、書類が滞留して際限なく増えていく状況から脱することができます。

項目51で紹介した「動線を考えたレイアウト」と、「書類を流す仕組み」が整えば、いよいよデスクの戦略基地化は完成です。

ミスの要因

書類を流す仕組みがないと、書類が滞って、ミスの温床になる。

具体的行動

「保管→保存→廃棄」の順に書類を流す仕組みを作り、ルールを決めて運用しよう。

056 ペーパーレスを目指すための心構え

データで十分なものは、コピーしないようにする

ペーパーレスへの意識の高まりとともに、ペーパーレスに取り組む会社が増えています。現に、紙の需要は、2011年以降、減少傾向にあるといいます。

ペーパーレスを実現するには、余計な紙を発生させないことに尽きます。どうしても紙でなければならない書類以外は、出力しない、コピーしない。

ただ、そうはいっても、「紙で残すほうが安心だから」という理由で、つい出力やコピーをしてしまう、という人もいるのではないでしょうか。

出力やコピーの誘惑に駆られたときは、項目52で紹介した「なくて何が困る？」の視点を思い出してください。

「本当に紙でなくてはならないのか？」

「紙でなくて何が困る？」

と、出力やコピーのたびに自問する癖をつけるのです。

データで十分なものはデータで残し、紙では残さない。これを徹底することで、ペーパーレスを目指しましょう。

ペーパーレスの取り組みは、以前はIT企業で顕著でしたが、今では業種に関係なく広がっているようです。

会議にはタブレットを持ち込み、事前にデータで配信した資料をプロジェクターに映し出しながら、ペーパーレスで議論を進行。イメージ共有のためにホワイトボードに描いた図や絵も、スマートフォンで撮影して、データで保存。こうした会議のペーパーレスによって、かなりの紙の削減につながっています。

余計な紙が減れば、デスクまわりが片づき、ミスも起きにくくなります。それだけでなく、紙のコストダウンや、書類を保管するためのスペース削減にもつながるなど、多くのメリットがあります。

ペーパーレスは、一人ひとりの意識が変わることによって、はじめて実現されます。まずは、あなたの身のまわりで、紙で残さなくてもいい書類はないか、洗い出してみてはいかがでしょうか。

ミスの要因

「紙で残したほうが安心」と思って出力やコピーをすると、デスクまわりの紙はなかなか減らず、ミスが起きやすい状況が続く。

具体的行動

「紙でなくて何が困る？」と自問し、データで残せるものはデータで残し、余計な紙を発生させないようにしよう。

057 定置管理を習慣化するための工夫

色や抜型を活用すれば、戻す場所を迷わない

ものを置く場所を決めて、使ったら元の場所に戻す。この「定置管理」が整理整頓の基本だということは項目49で述べました。

そうはいっても、続けられずに挫折してしまう……、という場合には、ムリなく続けられる仕組みを工夫すると効果的です。

たとえば、棚から取り出したファイルを元の場所にしまいやすくするには、**ファイルを色分けしておくという方法があります。**

やり方は簡単です。棚の1段目は赤、2段目は青、3段目は黄色……のようにファイルの背表紙の色を統一しておきます。同じ色のファイルが並んでいる場所に戻せばいいだけなので、「このファイルはどこに戻せばいいんだっけ？」と悩むことがなくなり、スッと戻すことができます。

戻すことが習慣になれば、キャビネットで保管する共有ファイルを誰かが持ち出したまま行方不明、という事態も防ぐことができます。

抜型を活用した備品管理もおすすめです。ハサミやボールペン、ホチキスなど、引き出しの中の備品がピタッと収まる形にポ

リエチレンの樹脂板をくり抜いておけば、使用後は意識せずともその場所に戻すことができます。製造現場では、抜型を活用した工具管理がよく見られます。

物事が続かない人は、「今日から頑張ろう」と張り切るあまり、相当努力しなければ達成できないような高い目標を設定しているのかもしれません。書類管理のための分類一つをとっても、項目を細かく設定しすぎると、「この書類はどの分類に入るんだっけ？」とファイリングのたびに悩んでしまいます。

片づけのルールはできるだけシンプルに、ワンアクションでできるのが理想です。

その意味でも、色や抜型を活用した片づけの方法は、シンプルで続けやすい仕組みといえます。**完璧な整理を目指さず、おのずと習慣にできるようなシンプルな仕組み**を、自分なりに工夫してみてはいかがでしょうか。

定置管理に限らず、「今日からしっかりやろう」と意識するだけでは、物事は長続きしません。意志の力を借りなくても、おのずと続けられる仕組みを作ることが何よりも重要です。

ミスの要因

定置管理をしっかりしよう、と意識するだけではすぐに挫折してしまい、デスクまわりが元の乱雑な状態に戻ってしまう。

具体的行動

ファイルの色を変える、備品がピッタリ収まる抜型を使うなど、意識しなくても元の場所に戻せる仕組みを作ろう。

カバンを毎日空っぽにすると、中身を把握できる

営業先でお客様から預かった大事な書類や、カフェでとっさにアイデアを走り書きしたナプキンの切れ端が、あとになってカバンの奥から出てきた、という経験はありませんか。

見つけたときは、時すでに遅し――。重要な書類やメモがうっかりそのままになることで仕事が滞り、ヌケ・モレやり忘れなどのミスが発生してしまいます。

カバンの中も、デスクまわりと同様、溜め込むことでミスが起きやすくなります。滞らせないように流す仕組みが必要です。

そのために習慣にしたいのが、毎日カバンの中身を全部取り出すことです。営業先から会社に戻ったら、携帯電話、定期、財布、名刺入れ、手帳、ノート、タブレット端末類、書類、ハンカチ、ティッシュなど、中に入っているものをすべて出します。

翌日に改めて、必要なものを入れ直します。

カバンは、営業職など外に出る人たちにとっての「**移動デスク**」です。会社に戻ったらいったんすべて取り出すのは、カバン

に仮置きされた書類や情報を、本来の場所に流すためです。

重要なメモやアイデアの走り書きは、「やるべきこと」に落とし込んでから、スケジューラーやTo Doリストに転記。お客様の大事な書類は、処理担当者や社内のしかるべき部署に届けます。捨て忘れたガムの包装紙など、要らないものは捨てます。

カバンの中の書類や情報を、次のアクションにつなげることで、ヌケ・モレややり忘れなどのミスを防ぎます。

カバンを毎日空にすることで、不要なものを溜め込まず、必要なものだけが入ったスッキリとした状態を保つことができます。何が入っているか一目瞭然であれば、必要なものの入れ忘れがなくなり、また、営業先でも必要なものをサッと取り出すことができます。戦略基地の移動版としての役割を果たすことができるのです。

もし、あなたがカバンの中身を入れっぱなしにしているなら、毎日空っぽにしてみてください。きっと、以前より仕事がサクサク流れることに気づくはずです。

ミスの要因

カバンの中身を入れっぱなしにしていると、重要な書類やメモが気づかれずに放置され、仕事が滞る原因となる。

具体的行動

毎日カバンの中身をすべて取り出し、しかるべき次のアクションにつなげよう。

059 財布の中をスッキリさせる整理法

領収書で膨らんだ財布は、仕事もお金も逃してしまう

あなたの財布は、領収書やレシート、何枚ものクレジットカードやポイントカードでパンパンになっていませんか。

いろいろなものを溜め込んで膨らんだ財布は、仕事もお金も逃してしまいます。

財布が仕事にどう関係するのか、と疑問に思われたでしょうか。

財布の中がレシートであふれていると、精算すべき領収書が紛れて、処理し忘れてしまいます。要らないレシートと一緒に捨ててしまい、再発行が必要になることもあるでしょう。

これらは、膨らんだ財布の直接的な弊害ですが、それだけではありません。財布がどういう状態かによって、その人の評価が左右されることがあるからです。

私の知り合いの役員秘書は、財布の中身がきれいな人を見ると、「この人はきっと仕事ができるに違いない」と思うそうです。

反対に、財布の中身が汚い人は、「あんまり信用できなさそう」と判断するといいます。**財布の中身に無頓着なら、仕事が滞って**

いても平気なのではないかと推測されるからです。

また、財布は本来、お金を入れておくためのものです。財布の中が乱れた状態では、お金を大事にしているとはいえません。

財布の中をスッキリした状態に保つには、毎日、お札やレシートなど紙のものを取り出す習慣をつけましょう。

レシートは、処理の必要なものと要らないものに分類し、要らないレシートは捨てます。処理の必要なレシートや領収書はクリアファイルに移し、締め日にあわせて定期的に処理します。

お札は、面をそろえて、財布に戻します。

カード類は毎日取り出す必要はありませんが、ポイントカードは定期的に取り出して、期限切れのカードや使わないカードは捨てるようにします。

飲食代を支払うときなど、財布の中は意外と周りから見られているもの。カバンと同じで財布の中も溜め込まず、スッキリした状態に整えておくことで、「仕事ができる人」という印象を与えることができるでしょう。

ミスの要因

財布の中が乱れていると、「この人は仕事ができないのだろうな」と判断され、信用を失いかねない。

具体的行動

毎日財布の中身を取り出し、要らないレシートは捨て、処理の必要な領収書はクリアファイルに移そう。

060 デスクトップをスッキリさせる整理法

デスクトップに残すのは、3つのフォルダとゴミ箱のみ

新しいファイルをパソコンのデスクトップに保存しておくと、次に使うときにワンアクションで開けるので便利です。

だからといって、どのファイルもデスクトップに置いておくと、デスクトップがファイルやフォルダで埋まってしまいます。使いたいファイルがすぐに見つけられないばかりか、作業中も余計なファイルが視界に入り、気が散ってしまいます。

パソコンのデスクトップは、デスクの上と同様、戦略基地です。必要なファイルがすぐに見つかり、サクサク仕事ができる状態にしておきたいものです。

そこで、ぜひ取り入れたいのが、項目49でも紹介した「定置管理」の考え方です。定置管理の基本は、「ものを置く場所を決めて、その場所で管理する」ことで、適当にものを置かないことがポイントでしたね。

定置管理を取り入れるなら、デスクトップには必要最低限のフォルダのみを残し、そこですべてのファイルを管理します。デスクトップに残すのは、進捗状況によって「未処理」「進行中」「処理済み」に分類した3つのフォルダと、ゴミ箱のみです。

- **未処理……これから手をつけるものや、処理途中のもの**
- **進行中……自分の処理は終わったが、上司の指示やほかの担当者の処理を待っているもの、お客様からの返事待ちのもの**
- **処理済み……処理が完了したもの**

各フォルダの中は、プロジェクトや顧客ごとにフォルダに分けて管理します。

流す仕組みをつくるのも、デスクまわりと同じです。フォルダは、進捗状況に応じて、案件単位で「未処理」から「進行中」へ、そして「処理済み」へと移動させます。最終的にデータを管理する「処理済み」フォルダでは、顧客別や年代別など、仕事内容に合った分類で保存しておくと、あとで探しやすいでしょう。

作業中は、デスクトップにファイルを置くこともあるかもしれませんが、あくまで仮置き。1日の終わりには、ファイルを3つのフォルダのどれかに戻す習慣をつけて、デスクトップをスッキリさせましょう。

ミスの要因

デスクトップがファイルやフォルダで埋まっていると、必要なファイルをすぐに探し出すことができない。

具体的行動

ファイルは、進捗状況で分類した3つのフォルダでの定置管理を徹底しよう。

なぜ残すかを考えないと、いつまでも削除できない

データは、書類やものと違って場所を取らないので、パソコンの容量がある限り、いくらでも残せそうな気がします。しかし、パソコンも戦略基地と捉えるなら、データも整理が必要です。

あなたは、完了した仕事のデータをどれだけの期間残すのか、データの保管ルールを決めていますか。

パソコンの容量があるからといって、データを際限なく残していると、ムダなデータを持ち続けることになります。データであれ、ものであれ、「使うことで価値を生み出すものだけを残す」という原則は変わりません。

特にデータは情報ですから、時間が経つにつれ鮮度が落ちていきます。データをいつまでも持ち続ける意味は少ないのです。

何のためにデータを残すのかを考えてみると、おのずと保管期限が決まります。

たとえば私の場合、データとして残すのは、主に企業向け研修やセミナーの提案書、テキストなどです。新しい研修やセミナーを企画する際、過去の内容を参照するために残しています。

私たちの業界では、一つのテーマに対する需要は3年ほど続くこともあるため、新規提案の際には、過去3年間のデータを参照することがよくあります。従って、私の場合は、データの保管期限を3年と決めています。

保管期限が決まったら、データを「処理済み」フォルダの中でどのように分類して保管するかを決めます。仕事の内容にもよりますが、顧客別や年代別、プロジェクト別などから、最適な分類方法を選んでフォルダ分けするとよいでしょう。

私が採用しているのは、年代別の分類法です。「処理済み」のフォルダを開けると、過去3年分のフォルダが並んでいます。最新年度のフォルダを加えるときは、最も古い年度のフォルダを削除します。「一つ減らしてから、一つ増やす」の原則は、ここでも有効です。

データも「保管」→「廃棄」と流す仕組みを取り入れ、溜め込まないことが大切です。残す価値のあるデータだけを残すことで、質の高い仕事をするのにふさわしい作業環境を手に入れることができるでしょう。

ミスの要因

完了した仕事のデータを整理せずに残しておくと、鮮度が落ちて価値のないデータが溜まり、それを使った仕事でミスにつながる可能性がある。

具体的行動

データ保管のマイルールを決め、保管期限が過ぎたらデータを廃棄しよう。

062 「あのメモ、どこ行った？」をなくすコツ

アイデアのネタは、楽な方法で一元管理する

いつもアンテナを張って新しい情報を集めているのに、肝心なときにどこに記録（保管）したのか忘れてしまって、悔しい思いをしたことはありませんか。

情報は、使われてこそ価値を生み出します。いざ必要なときに探せない、見つけられない情報は、真価を発揮できません。

情報を有効活用するには、一元管理することが重要です。

そうはいっても、最近はノート、手帳、スマホアプリなどさまざまな管理方法があり、なかなか一つの方法に絞れないという人もいるでしょう。

まずは、自分に合った方法を見つけることから始めましょう。

ポイントは、長く続けられる方法を選ぶこと。シンプルで、「わざわざ何かをする」という手間のない方法が長続きします。

私は去年からGoodNotesというアプリを使っていますが、これはとても便利です。以前はテーマごとに、数冊のノートを使い分けていましたが、いつでもどこにでも、すべてのノートを持ち歩くわけにはいきませんでした。出先で「あ、あのノートに書い

ていた情報が必要なのに」と残念に思うことがありました。しかし、このアプリを使えば、テーマごとにノートを作れますし、iPadに取り込んでいるので、すべての情報を持ち歩けます。手書きで記入でき、ペン先や罫線の太さも選べますので、使い勝手も紙のノートと遜色ありません。

ノートを使うなら、1冊に集約するのがおすすめです。ノートの使い方としては、日付順に時系列に書き込んでいきます。ページの前から後ろへ順番に記入していけばいいので、シンプルです。

時系列に書いていくと、あとで振り返るときにいつのメモかわからなくなるのではと思うかもしれません。しかし、「あの会議は夏の暑い日で、みんなぐったりしていたな」のように、季節感は自分の記憶を呼び起こす見出しの役割を果たしているので、意外にも情報は探しやすいのです。

自分に合った方法を選んだら、ほかのツールに目移りしないこと。管理ツールを一つに絞って継続することが、一元管理を成功させるためのコツです。

ミスの要因

アイデアや情報を記録するツールを決めずに、いろんなツールに分散させてしまうと、いざというときに探せず使えない。

具体的行動

自分にあった管理ツールを選んで、情報を一元管理しよう。

顧客名簿やマニュアルは、見直しルールを決めておく

実際にあった話です。

ある会社の周年パーティに得意先の経営者夫婦を招待した際、奥様の席札に前妻の名前が間違えて印刷されてしまいました。本来、感謝の気持ちを伝えるはずのパーティで不快感を与えてしまっただけでなく、得意先からの発注を失う結果となりました。

また、こんなミスも。

新入社員が、顧客や取引先にデータを送信する業務を引き継ぎました。マニュアルの指示に従って作業を進めたところ、本来は送ってはいけない会社にまでデータを送ってしまいました。

どちらのケースも、更新されていない古い情報を使ったために起きたミスです。重要データの管理ミスは、深刻なトラブルの原因になるにもかかわらず、度々繰り返されています。

顧客データやマニュアルをつねに最新の状態にするには、変更のたびに更新するか、もしくは定期的に内容を見直すことをルール化しておく必要があります。さらに、更新・見直しを管理する担当者を決めておくとよいでしょう。

特に、顧客データのような重要データは、変更がわかった時点で随時更新するのが基本です。加えて、年賀状や案内状を送付するタイミングで、異動や昇進などの情報が反映されているかを確認するとともに、付き合いのなくなった顧客のデータを削除するようにします。

マニュアルを更新する際には、更新された部分がわかるように、変更箇所の履歴を残しておくとよいでしょう。具体的には、最初に作成したマニュアルを「Ver.1」とし、更新するたびに「Ver.2」「Ver.3」と番号をつけていきます。

変更箇所については、マニュアルの1ページめに更新情報を記録できるページを作り、更新するたびに「Ver2、2020/5/6、5p△△→○○に変更」などと書き足していきます。そうすることで、手順や内容の変更がどこまでマニュアルに反映されているのか、これは最新版なのかが一目でわかります。

顧客名簿やマニュアルなどの情報は、アップデートされていなければミスのもと。内容をいつでも最新に保ち、最大限に活用することで、ミスのない仕事に役立てたいものです。

ミスの要因

更新されていない顧客名簿やマニュアルを誤って使うと、顧客の信用を失ったり、致命的なミスにつながったりする。

具体的行動

顧客名簿やマニュアルを、いつ、誰が更新するのかをルール化し、つねに最新の内容に保っておこう。

064 メモしたことを忘れないためのコツ

メモにひと手間加えると、アクションにつながる

うっかり忘れないためにメモしたのに、メモしたことを忘れて、やり忘れてしまった——。こんな悩みをよく耳にします。

メモしたのにやり忘れてしまうのは、メモするだけで満足してしまっているのかもしれません。

メモしたことを確実に行動に移すには、そのためのひと手間が不可欠です。やり忘れが多い人は、次に紹介する「ひと手間」をぜひ実践してみてください。

まず、メモしたことは、「いつやるか」を決めて、その日のうちにデバイスやアプリ、またはスケジュール帳に記入します。スケジュール帳は、1カ月を俯瞰できるマンスリータイプを使うと、日々の仕事量が偏らないようにスケジュールを立てられるので便利です。

そして、毎朝スケジュール帳を確認する癖をつけて、確実に遂行していきましょう。

朝、スケジュール帳を確認して、「今日はこれをやらなきゃ」と意識していても、うっかり忘れることもあります。

その防止策として、行動に移す動線上でリマインドするというひと手間を加えます。その行動をとるにあたって必ず使うものや目にする場所に、「やるべきこと」を書いた付箋を貼っておくのです。こうすれば絶対に見落とさないので、私も実践しています。

たとえば、誰かに電話連絡をしなければならない場合、スマホに「○○さんに電話」と書いた付箋を貼っておきます。スマホを手に取ったときにこの付箋を見れば、連絡すべき人に忘れずに連絡できるという仕組みです。

他にも、財布に「○○を購入」、カバンに「○○持参」、玄関に「郵便物を出す」など、いろんなバリエーションが考えられます。自分なりの工夫を楽しんでみてはいかがでしょうか。

メモしたことで安心していると、せっかく書いたメモが生かされないことがあります。

メモしたことを行動に移すには、スケジュールへの落とし込みや、動線上に組み込む作業など、ひと手間加えることが欠かせません。意識して行動に移すことで、やり忘れをなくし、成果につなげていきましょう。

ミスの要因

忘れないようにメモしたのに、メモしたことで満足してしまうと、やり忘れてしまう。

具体的行動

メモした内容をスケジュール帳に落とし込んだり、付箋に書いて動線上でリマインドしたりして、確実に行動に移そう。

065 道具によるミスを防ぐ方法

定期的にチェックしておくと、いざというとき使える

ボールペンで書こうとしたら、インク切れ。

ホチキスを使おうとしたら、芯がない。

ICレコーダーで録音しようとしたら、電池が切れていた——。

必要なときに道具がすぐに使えないと、作業が中断してしまいます。また、適切な対応ができずに仕事に支障をきたすなど、ミスの原因になります。

道具は、メンテナンスを怠ると、いざという時、効果的に使えません。整理整頓しなければ、デスクまわりが乱れていくのと同じです。

ミスなく質の高い仕事をするためには、必要な道具が必要なときにすぐに使える状態にしておかなければなりません。**道具の状態を万全に保つために、たとえば「月曜の朝は道具をそろえる時間」と決めて、定期的にメンテナンスするとよいでしょう。**

道具の状態はもちろん、インクの替えやペンの芯、電池などの予備もチェックして、予備がなければ調達しておきます。

これら文房具に加えて、パソコンやスマートフォンもビジネス

パーソンにとっては大事な道具。デジタル機器のメンテナンスも忘れずに行いたいところです。

メンテナンスのポイントは、データの整理とソフトやアプリのアップデートです。特に、メールの受信箱には受信メールが溜まりやすく、重要メールや緊急メールの見落としにつながります。受信箱を定期的にチェックし、処理済みメールや未処理メールをそれぞれ別フォルダに分類するなどして、受信箱を軽やかな状態に保ちましょう。

ソフトのアップデートも定期的に行うようにします。古いバージョンのまま使っていると、動きが遅かったり、古い機能が不便だったりして、効率が悪いこともあります。こまめにアップデートして、軽やかに使える状態にしておきましょう。

野球選手や料理人など一流といわれる人ほど、バットや包丁などの道具のメンテナンスを怠らないと聞きます。

ビジネスパーソンにとって、仕事をサクサクと進めるための戦略基地がデスクなら、そこに置かれた道具は大切な「武器」です。武器である道具をいつも万全の状態に整えておくことが、ミスなく質の高い仕事をする上では欠かせません。

ミスの要因

道具が必要なときにすぐに使える状態でないために、仕事で適切な対応が取れず、仕事に支障をきたす。

具体的行動

定期的に道具をメンテナンスする時間を取り、道具を万全の状態にしておこう。

ミスをしないための見える化

066 ヌケ・モレなく作業するためのツール

チェックリストを作成すると、作業手順を「見える化」できる

ルーチン作業だからといって、記憶を頼りに進めていくと、ヌケ・モレが生じることがあります。特にやり慣れた作業ほど、気を抜いて手順を間違えたり、準備物を忘れたりしがちです。

作業に慣れた人も、そうでない人も、**やるべきことを書き出したチェックリストを活用すれば、ミスのない仕事ができます。**

チェックリストは、一つの業務を遂行するために必要な準備物や、守るべき手順、確認事項などを一覧表にしたものです。マニュアルや手順書ほど内容が複雑ではなく、手軽に作成できます。

使い勝手のいいチェックリストを作るコツは、業務内容に合った「切り口」で作業手順を書き出すことです。以下に3つの切り口を紹介しますので、あなたの業務内容に合わせて使い分けてみてください。

①一連の作業手順に沿って書き出す

ダイレクトメール発送を例にとると、次のようになります。

送付先の確認→送付資料の準備→送り状の作成→宛名シールの

作成や宛名書き→資料の封入→切手貼り→投函

それぞれの作業についての注意事項を補足しておけば、不慣れな人でもミスなく作業できるチェックリストが完成します。

②「ビフォー（事前）」「オン（当日）」「アフター（終了後）」ごとに作業を書き出す

会議開催のための作業チェックリストを作成する場合、「前日までの前準備」「当日の準備」「会議後のアフターフォロー」の三段階に分けて、必要な作業を書き出していきます。

③「場所」ごとに作業を書き出す

来客対応のための作業チェックリストを作成する場合、「玄関まわり」「応接室」などお客様をお迎えする準備が必要な場所を洗い出し、場所ごとに必要な作業を書き出していきます。

作業手順を書き出してみると、自分の仕事の中身を改めて整理することができるほか、新人や後輩など別の人に業務を引き継ぐ際にも役立ちます。仕事のヌケ・モレを防止し、効率や生産性を上げるためにも、ぜひチェックリストを活用してみてください。

ミスの要因

記憶を頼りに作業を進めると、手順を間違えたり、ヌケ・モレが起きやすくなる。

具体的行動

業務に必要な作業を書き出したチェックリストを作成し、確認しながら作業を進めよう。

067 仕事のムラに気づく方法

仕事の実態を記録すると、ムラが見えてくる

1週間や1カ月のうちで、「この曜日や時期は仕事が集中して忙しい」のように、仕事量に偏りが生じることがあるでしょう。

そこで、もし、「仕事量に波があるのは仕方がない」とあなたが考えているとしたら、「それって、本当に仕方のないこと？」と自分自身に問いかけてみてほしいのです。

仕事にムラがあると、ミスが起きやすくなります。仕事の量が多いと、時間の余裕がなくなり、焦りからミスしやすくなります。反対に、仕事の量が少ないと、気持ちが緩んで集中力が低下し、これまたミスしやすくなります。

ミスなく仕事をするには、あなた自身が、仕事を効率的にマネジメントしなくてはなりません。仕事のムラに関しても、「仕方がない」とあきらめず、意図的になくしていくことを考えましょう。

そこでぜひ実践していただきたいのが、仕事のムラを把握することです。「月末はいつも慌ただしいな」という感覚はあっても、何がどれだけ忙しいのか自分でもわかっていない人が多いの

ではないでしょうか。

まずは、1日、1週間もしくは1カ月の仕事の実態を記録してみてください。そうすれば、どの時間帯・時期にどのような仕事が集中し、反対にどの時間帯・時期は余裕があるのかを具体的に知ることができます。

仕事量のムラをあぶり出したら、ムラをならしていきます。仕事のムラをならすことを、「**平準化する**」といいます。

仕事が集中している時間帯・時期があれば、一部を前倒しして、比較的余裕のある時間帯・時期に行うようにします。

上司の判断を仰ぐ必要がある仕事や、周りと連携する仕事など、自分のペースや裁量では進められない仕事もあるでしょう。そのような場合でも、相手と交渉したり、相手へのリマインドを行うなどして、できる限り平準化を目指します。

仕事のコントロールを自分の手に取り戻すために、まずは仕事の実態を記録し、把握することから始めましょう。どこにムラがあるかがわかれば、平準化のための対策もおのずと見えてきます。

ミスの要因

仕事のムラを放っておくと、仕事が多すぎても、少なすぎても、集中力が低下してミスが起きやすくなる。

具体的行動

1日、1週間、1カ月の仕事の実態を記録した上で、仕事量が一定になるよう段取りを組み直そう。

068 連携ミスをなくす方法

業務フロー図を作成すると、周りとの関係性を把握できる

一人で完結する業務は稀で、いろんな人が関わり合い、協力し合いながら、一つの業務が遂行されていきます。

そこであなたに質問です。

自分の担当する業務が、次にどの部門の誰につながり、どのように処理されているのか説明できますか。

自分の担当業務さえしっかりやっていれば問題ないんじゃないの？　そう思った方もいるかもしれません。

周りとの関係性を把握することがなぜ大切なのか。

それは、自分が担当する業務だけを見て、周りとの関係性を無視した仕事のやり方をしていると、周りに不要な手間を取らせたり、スケジュール通りに進まなかったりなどの迷惑をかけることになるからです。

たとえば、あなたの次工程の担当者が初心者だったとします。そのことを知らずに、注意事項を丁寧に説明せずに仕事を渡した結果、業務への不慣れからミスを誘発するかもしれません。

そこで、もし、初心者の相手に適切なフォローを行っていたら、ミスは防げたかもしれません。全体最適を考えた仕事をする

には、自分の担当業務と周りの関係性、さらには全体における自分の役割を知ることが大切です。

手始めに、業務フロー図を作成して、周りとの関係性を「見える化」してみましょう。自分が担当する業務も含めた前後の工程を時系列で書き出してみるのです。

関係性を把握したら、次工程での仕事がやりやすい形での仕事の渡し方を精査するとともに、次工程の担当者からも「こういう仕事の渡し方をしてくれると便利」という要望をヒアリング。両方の流れから仕事の受け渡し方を見直していきます。

先ほどの例でいえば、次工程の担当者が初心者なら、「注意事項を丁寧に連絡する」「じっくり取り組めるようスケジュールに余裕をもって渡す」などの対応をとれば、ミスを減らせるでしょう。同様に、前工程の担当者とも最適な受け渡し方法を相談することで、自分の担当業務もミスなく進めやすくなります。

周りとの関係性がわかれば、最終ゴールに向けてミスなく業務を遂行するための、仕事のツボを理解しやすくなります。周りからも感謝される、気が利く仕事ができるようになるでしょう。

ミスの要因

自分の担当業務しか関心がなく、自分の都合だけで行動していると、次工程に迷惑をかけたり、ミスを誘発したりする。

具体的行動

業務フロー図を作成して、周りとの関係性を把握し、次工程の仕事がやりやすい受け渡し方を心がけよう。

069 顧客対応ミスをなくすためのツール

顧客リストを作るときは、五十音順でA4一枚にする

会社の代表電話には、顧客や取引先など社外の関係各所から連絡が入ります。電話の受け答えに十分な注意を払っていても、顧客の名前を聞き間違えたり、相手の名前を何度も聞き返したりしてしまうことがあるでしょう。

わずかな対応の不備でも、結果的に顧客への礼を欠いたり、相手に悪印象を与えたりして、会社の信用に傷をつけかねません。

顧客対応ミスをなくすには、顧客の「見える化」が効果的です。五十音順に会社名、電話番号、担当者名を並べてリストにし、デスクの上に貼っておくとよいでしょう。

このとき、**A4用紙一枚にまとめるのがポイントです。**何枚にも渡ると、すぐに見つけることができず、結局お客様に聞き返すことになるので、それは避けたいものです。

「あ行」「か行」……の区切りに太い線を入れ、見出しを色分けすると、検索性が高まり使い勝手がよくなります。

顧客の「見える化」では、こんな工夫をしている会社もあります。**地図を使って顧客の分布図を作り、顧客の所在が一目でわか**

るようにしているのです。

顧客の分布図が見やすい場所に貼られていれば、営業担当者が顧客を訪問する際に、訪問計画を立てたり、訪問ルートを効率化したりするのに役立ちます。また、お得意様を色の違うピンで区別しておけば、何かのついでにお得意様のもとを訪問するという予定も立てやすくなります。

たとえば、営業担当者がある地域の顧客を訪問する際に、営業事務の人がこんなアドバイスもできるでしょう。

「このお客様を訪問するなら、こちらのお客様にもあいさつしてきてください」

顧客訪問の段取りをヌケ・モレなく支援して、お客様に対する細かなフォローが実現できれば、客離れの防止にもつながります。

営業事務の仕事は、何かと営業担当者から仕事を頼まれたり、彼らの都合に右往左往させられたりするイメージがあるかもしれません。営業担当者のメリハリの利いた行動をマネジメントするくらいの支援ができれば、やりがいも倍増するでしょう。

ミスの要因

電話口で顧客対応を間違えたり、お得意様へのフォローが行き届かなかったりすると、客離れや会社の信用失墜につながる。

具体的行動

顧客リストや顧客の分布図を作って、見える場所に貼っておこう。

070 仕事の抱え込みを防ぐ方法

スケジュールを共有すると、チームでフォローできる

残業が減らない人がいる一方で、毎日定時で帰る人もいます。

このような差が生じるのは、特定の人に仕事が集中して、抱えている仕事量に偏りがあることが一因です。

できる人に仕事が集中しがちであることは、否めません。しかし、もしも、「私だけがんばっているのに、誰もわかってくれない」とあなたが疎外感を抱いているとしたら、ご自身の「仕事の抱え込み体質」を見つめなおす必要があるかもしれません。

仕事を抱え込んでしまう人は、「仕事が多くて大変だ」という状況を周りに発信しない傾向があります。発信しなければ、大変な状況は周りに伝わりません。周りは助けようがないのです。

忙しく仕事に追われる状態では、注意力が散漫になり、ミスが起きやすくなります。また、周りとの意思疎通がうまくいかなくなれば、連携不足によるミスも生じるでしょう。

仕事の抱え込みによるミスをなくすには、仕事の進捗やスケジュールの共有が解決策になります。

たとえば、朝一番のミーティングで、チームメンバーの1日の

段取りをホワイトボードや付箋に書き出します。仕事量に偏りがあれば、メンバー間でならして、平準化を行います。

あるいは、定時2時間前に、チーム全員で集まり、それぞれの仕事の進捗を報告し合うのも一つの方法です。定時までに終わりそうなのか、残業になりそうなのか、それぞれの状況を共有し、残業になりそうな人の仕事を、余裕のある人が手伝うように段取りを組み直します。そうすることで、全員が定時で帰れるように調整するのです。

仕事の抱え込みをなくすのと同時に、「この仕事はこの人にしかわからない」といったタコツボ状態を解消していくことも大切。お互いの仕事の内容を理解し、誰もがお互いの役割を担える状態になってはじめて、チームで助け合うことができます。

そのためには、業務の役割を定期的に変えるジョブローテーションを活用するとよいでしょう。

「自分でやらなきゃ」と仕事を抱え込むのは、責任感ではなく、ミスのもとです。チームで助け合って、残業とミスをなくしていくために、仕事の状況を共有することから始めましょう。

ミスの要因

仕事を自分一人で抱え込んでしまうと、周りは手を貸すことができず、ミスの起きやすい状態が生まれる。

具体的行動

スケジュールや仕事の進捗をチーム内で共有し、仕事量が偏っていれば平準化しよう。

動きを「見える化」すると、上司の一歩先を読める

上司の承認をもらって、書類を急いで発送しなければならないのに、上司がつかまらない。上司に相談しなければ進められない仕事があるのに、上司が出張中だ——。これらは多くのビジネスパーソンにとって、切実な悩みのようです。

上司がつかまらないから、仕事が進まないのは仕方がない。本当にそうなのでしょうか。

いいえ、そんなことはありません。ここはぜひ、「“上司待ち”の時間をなくすにはどうすればいいか」と発想を転換しましょう。

上司のスケジュールを事前に把握できれば、上司の在席状況を予測しながら、自分の仕事がスムーズに進むよう段取りを組むことができます。

最近はホワイトボードだけでなく、スケジュール管理ソフトなどスケジュールを共有する仕組みを持つ職場も増えています。上司がその仕組みを活用していないなら、チーム内におけるスケジュール共有の重要性を上司に理解してもらい、スケジュールの「見える化」に協力してもらうよう働きかけましょう。

また、「うっかり記入するのを忘れた」「スケジュール登録が面倒だから放置してしまった」など、使い勝手が悪いために活用されていないのであれば、より簡便で使いやすい方法に変えるのも選択肢の一つです。

あるいは、「明後日までに承認をいただく必要があるので、明日10時に10分ほどお時間いただけますか」と上司に事前にアポを入れておくのも有効な手立てです。

事前に伝えておけば、上司も段取りが組みやすいでしょうし、心の準備もできるはずです。いきなり割り込まれるよりはいいでしょう。

この本でお伝えしたいのは、相手が上司であっても、相手の都合であなたが振り回されることをよしとしないでほしい、ということです。ミスなく質の高い仕事をするには、意図を持って仕事をマネジメントすることが何よりも重要です。

上司や同僚のスケジュールを「見える化」し、相手の予定を先読みしながら行動して、仕事のグリップを握りましょう。

ミスの要因

上司がつかまらず、承認や相談ができないために自分の仕事が滞り、締め切りに間に合わないなどの事態に陥る。

具体的行動

スケジュール管理ソフトでスケジュールを共有する、もしくは上司に事前にアポを入れるなどして、上司の動きを先読みしよう。

ホワイトボードで図示すると、議論の「見える化」ができる

会議やミーティングで、議論がテーマから逸れて迷走したり、議論が行き詰って停滞したり、結局誰が何をやるのかが曖昧なまま会議が終了したり……。「この会議、意味あったのかなぁ」と徒労に終わった経験はありませんか。

議論するけれども、決めない。決めるけれども、実行しない。これは日本の会議の悪しき習慣です。

これを解決する方法が、ホワイトボードを使った議論の「**見える化**」です。議論の迷走を避けるために見える化すべき事柄は、3つあります。

①会議の目的と目標

会議の生産性を高めるには、「何のための会議か」という目的と、「議論のゴールは何か」という目標が参加者に共有されている必要があります。たとえば、会議の目的が「職場改革のアイデアを話し合う」であれば、その目標は「具体的なアイデアを5つ出す」。会議の目的と目標をホワイトボードに書いておけば、方向性が逸れることなく、活発な議論ができます。

②議論の中身

会議での発言は打ち上げ花火と同じで、メモしなければ忘れ去られてしまいます。それを防ぐために、「いいな」と思った意見やアイデアはキーワードにしてホワイトボードに書いていきます。

書かれたキーワードに触発されて、関連するアイデアが連鎖的に出てきたり、新しいアイデアがひらめいたりします。また、書くことで思考が整理され、議論のヌケ・モレ・ダブリを避けられる効果もあります。

③議論の結果

誰が、何を、いつまでに、どのようにするのかを書き出し、参加者全員が認識することで、決まったことを確実に実行に移していきます。

この3つの「見える化」を通して、行動につながる会議になります。活発な議論によって質の高いアウトプットを達成するために、議論の「見える化」をぜひ実践してみてください。

ミスの要因

何も決めず、何も実行しない会議は、時間のムダでしかない。

具体的行動

議論の目的・目標、議論の中身、議論の結論をホワイトボードに書き出し、実のある議論とその後の確実な実行に結びつけよう。

073 注意を促すのに効果的な方法

大事な部分に色をつけると、注意喚起ができる

ミスを防ぐ方法の一つに、ダブルチェックがあります。

ダブルチェックとは、同じ人が時間や場所を変えてもう一度チェックしたり、別の人が新鮮な目で確認したりすることです。

ダブルチェックを徹底すればミス防止の効果がある一方で、確認すべき箇所が増えるため、時間も手間もかかります。ミス防止を追求すれば、仕事の効率が落ちる。「ミス防止」と「仕事の効率」をどう両立させるかは、悩ましい問題といえます。

この両立を助ける手段として有効なのが、色の活用です。

色は、意識するしないにかかわらず、人の注意を引きつける効果があります。たとえば、「工事中」や「立入禁止」を示す黄色と黒の看板は、警戒色（警告色）と呼ばれ、自分に害を及ぼすことを警告する役割を果たすと考えられています。

こういった色の効果を仕事に取り入れて、ミスが発生しがちな箇所に色をつけるなどして、「要注意！」の意識を働かせるよう工夫してみましょう。

請求書や契約書などミスが許されない書類を作成する際は、

「都度確認すべき箇所」を色づけした枠で囲い、入力ミスや入力モレを防ぎます。

同一のフォーマットを使って各取引先向けにカスタマイズする場合は、「書き換えが必要な個所」に色をつけておくことで、書き換えのうっかり忘れを防ぎます。

書類管理においても、色つきのファイルを活用することで、緊急度を意識した書類管理を行うことができます。

すぐに処理が必要な書類は赤色のファイル、締め切りまでにゆとりがある書類は緑色のファイル、日々の定型業務は青色のファイル。このように色と緊急度を関連づけて管理すれば、ひと目で処理すべき書類の優先順位がわかり、納期遅れのミスを防ぐことができます。

ミスしないよう細心の注意を払いながら、限られた時間でスピーディに仕事を進める上で、色の活用は効果的です。ミス防止のための色使いは、ここで紹介したほかにもさまざまな工夫ができそうです。ぜひ取り入れてみてください。

ミスの要因

絶対にミスが許されない箇所が見過ごされると、大きなミスにつながる。かといって、すべてをダブルチェックする時間もない。

具体的行動

ミスが発生しがちな箇所や、絶対にミスが許されない箇所に色をつけ、注意喚起しよう。

074 引き出しの中の見える化

デスク地図を作れば、他の人にもわかりやすい

外出中、急に書類の内容を確認しなければならなくなったとします。「あの書類を見てもらいたいんだけど……」と社内にいる人に電話で頼むことができますか。

普段からデスクまわりを定置管理していれば、「私のデスクの3段目の引き出しの手前のファイルボックスに入っています」のように端的に伝えることができるでしょう。

しかし、デスクまわりが自分にしかわからない「ブラックボックス」と化している人は、何らかの対策を考える必要がありそうです。

いざというときに「誰でも探せるデスク」を目指すなら、定置管理を前提に、**引き出しの中身を「見える化」しておくのも一つの方法です。**進行中のプロジェクトの書類や取引先の連絡先など、チームメンバーが見る可能性のある資料は、どこにあるのかが一目でわかるように「デスクの地図」を作成しておくとよいかもしれません。

たとえば、下段の引き出しを「見える化」するなら、手前から

順に何の書類が並んでいるのかがわかるように、1枚の紙に書き出し、引き出しの正面に貼っておきます。必要な書類を探しやすいだけでなく、「使い終わったら元の場所に戻そう」と自分自身が定置管理を徹底するための意識づけにもなりそうです。

デスクの引き出しの中も、プライベートスペースではないと考えれば、自分以外の人でも簡単に探せるデスクであるべきでしょう。引き出しの中の「見える化」は、仕事の抱え込み防止にも効果的です。

●デスクの地図で「見える化」しよう

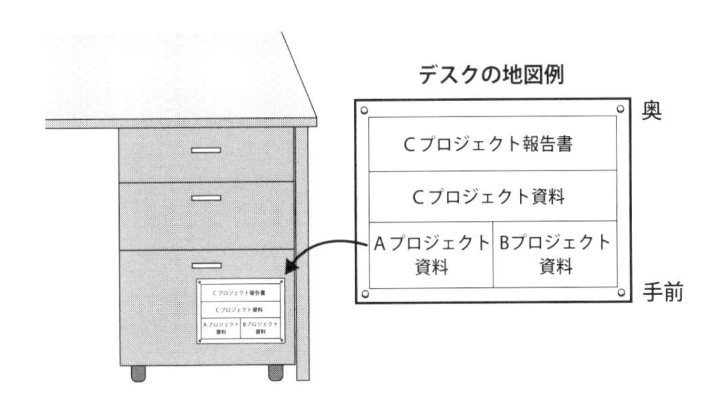

ミスの要因

引き出しの中がブラックボックスの状態では、出先から書類の内容を確認したいときに、同僚に頼んで確認してもらえない。

具体的行動

引き出しの中身を書き出した地図を作成し、引き出しの正面に貼っておこう。

フォーマットがあると、必要な情報を集めやすい

ただ漠然と情報を集めるだけでは、知りたい情報を得ることができず、結果としてミスにつながることがあります。

たとえば、セミナーの感想を知るために、「今日のセミナーの感想を自由に書いてください」とアンケートに自由記入欄を設けておくだけでは、「楽しかった」「勉強になった」などざっくりとしたコメントしか返ってこないでしょう。もっと具体的に「今日のセミナーで印象に残ったフレーズは何ですか？」と質問するほうが、参加者も答えやすく、有益な情報が集まりやすくなります。

情報収集には、「仕事に活かす」という目的があります。**目的に応じた情報の収集や活用を助けるのが、フォーマットです。**

どのような情報があると仕事に役立つのかを考え、必要な情報の項目を書き出したフォーマットを作っておくと便利です。

アンケートの質問項目もフォーマットの一種と考えられます。

あるカスタマーセンターでは、電話やメールを通じて寄せられる問い合わせ内容を蓄積する際に、フォーマットを活用していま

した。対応力向上やホームページで発信する情報改善に活かすことが情報収集の狙いです。そこで、「誰が／何について／どのような質問や要望があったのか」という項目について書き込める用紙のフォーマットをつくっておき、一人ひとりがそのフォーマットに情報をまとめ、あとで活用しやすい形にしているということでした。

フォーマットがあることで、知りたい情報や、あとで使える情報を集めることができます。自分の情報収集に合ったフォーマットを作ってみてはいかがでしょうか。

●情報収集のひな型例

■顧客からの問い合わせ

・日時　年　月　日　時

・だれから？　男・女
20代・30代・40代・50代・60代～

・なにについて

・内容
質問・要望・クレーム

■競合他社の調査

・商品名

・価格

・特徴

・販路

・ターゲット

・プロモーション

ミスの要因

ただ漠然と情報を集めても、仕事で使える情報は集まらない。

具体的行動

どのような情報があると仕事に役立つかを考え、情報収集のフォーマットを作ろう。

組織図や業務フロー図を使うと、情報の流れを整備できる

情報がチーム内で円滑に流れていない状態では、連携ミスをはじめ、さまざまなミスが生じます。

もし、同僚から「その情報、どうして教えてくれなかったの？」と言われたことがあるなら、**「情報が流れる道」を整備する必要があるでしょう。**

「情報が流れる道」とは、情報が必要なタイミングで必要とする人に伝わるための連絡網です。この「道」を「見える化」し、情報をチーム全体で活かせる状態にしてこそ、仕事の成果につながります。

情報の流れの見える化は、次の2つの観点から行います。

①「組織図」をもとに、情報の流れを見える化

組織図とは、企画部、営業部……と構造化されているあの図です。組織図は企業の戦略そのもの。戦略の実行には、組織図に沿って必要な情報が流れることが重要です。自分が所属する部署は、社内でどの位置にあり、どの部署と関連が深いのか、まずはそれを理解しましょう。

さらに、部署内での情報の流れは、階層図に従うのが基本です。直属の上司、課長、部長、事業部長……という縦のラインのほか、課長が指揮する他のチーム、部長が指揮する他の課も把握しておきます。階層図を見ながら、担当する業務や顧客の情報を、どの階層のどの人にまで知らせておく必要があるかを考えましょう。

②「業務フロー図」をもとに、情報の流れを見える化

担当する業務に、どんな部署や人がどんな順番でかかわっているかをまとめたのが業務フロー図です（項目68参照）。

業務フローの前後の行程に関わる人には、互いの業務内容と進捗状況を把握してもらうことが必要でしょうし、離れた行程の人にも、業務の全体像を把握した上で、影響があると考えられる情報を伝えることが大切です。

この2つをもとに情報の流れを整備すれば、誰に何を連絡すればいいのか明らかです。メールのCCに誰を入れるかについても、この情報の流れに沿って判断すれば間違いないでしょう。

ミスの要因

情報が必要な人に必要なタイミングで伝わらないために、連携ミスなどのミスが生じる。

具体的行動

組織図や業務フロー図をもとに、誰にどの情報を伝える必要があるか整理しよう。

077 ミス再発防止のための見える化

ミスやクレームを貼り出すと、改善のヒントにできる

ミスやクレームが起きたら、「そのことをできるだけ隠しておきたい」「周りには知られたくない」と思うかもしれません。

しかし、再発防止の観点からいえば、ミスが起きたら職場で公表し、情報共有するのが正しい対処法です。

ミスは恥ずべき失敗ではなく、むしろ改善のためのヒントです。ミスを放置しては、同じことが繰り返されるだけでなく、せっかくの改善のチャンスを見逃すことになります。ミスの「見える化」と情報共有によって、本人だけでなく、チームメンバーが同じミスを繰り返さないよう対策を立てることが大切です。

「見える化」の方法としては、統一フォーマットの記入用紙を用い、職場の見える場所に貼り出すとよいでしょう。誰もが立ち寄るコピー機のそばや休憩室の壁など、よく目につく場所に貼って、できるだけ多くの人に見てもらうのが理想です。

用紙に書く内容は、「どんなミスがあり（ミスの種類）」「なぜミスが起こったのか（原因）」「どのように改善していくのか（対策）」の3点で、パッと見てわかるように書きます。この場合、誰がミスをしたかを書く必要はありません。

ミスを貼り出すのは、「見せしめのようでかわいそう」「職場の雰囲気が悪化するのでは」と心配ですか？

ミスを「失敗」と捉えると隠したくなりますが、「改善のヒント」と考えれば取り組みやすいのではないでしょうか。もちろん、ミスの「見える化」を推進するには、このあとの項目82と83で詳しく解説するように、ミスを報告しやすい風土づくりにも並行して取り組む必要があります。

ミスの内容を職場の掲示スペースに一定期間掲示したあとは、データベース化してサーバ上で誰でも閲覧できる状態にしておきます。その際、「人」「道具」「環境」などミスが起因する原因別に分類しておけば、原因と対策の関係性が理解されやすく、再発防止に役立てやすくなります。

最初からサーバ上で情報共有する会社もあるようですが、わざわざそのページを検索し、ミスの事例を見ようという人は少ないでしょうから、職場の見える場所への掲出は必要です。

ミスの事例を職場で共有し、より多くの人に再発防止に役立ててもらうことで、職場のミスを減らしていきましょう。

ミスの要因

ミスが起きたとき、それを隠したり放置したりすれば、同じミスが再び繰り返されることになる。

具体的行動

ミスが起きたら、種類・原因・対策をまとめて職場の見える場所に貼り出し、再発防止に役立てよう。

078 イライラをコントロールする方法

気持ちを書き出してみると、イライラを客観視できる

常に落ちついた気持ちで仕事に向かえるのがベストですが、普段の生活ではどうしても気分がイライラすることもあるでしょう。イライラした気分を引きずりながら仕事をしていても、質の高い仕事はできませんし、ミスも起きやすくなります。

あなたは、自分のイライラをどうやってコントロールしていますか。

セミナーに参加していたある女性は、イラッとした気持ちをノートに書き出す「**イラッとノート**」をつけていました。「なぜイラッとしたのだろう？」と**自分の感情に向き合うことで、イラッとする原因を明らかにしていく**のだそうです。

イラッとノートを続けていくと、自分のイライラの傾向を把握できるというメリットがあります。

たとえば、「上司の指示の意図がわかりづらいとき、イラッとした」とか、「たくさんの仕事を抱えて心に余裕がなくなると、イラッとした」とか、「自分の中でうまくアイデアが出ないとき、イラッとした」などと書いていくと、自分はどんな状況でイ

ラッとするのかが見えてきます。

イラッとした原因がわかれば、そのイライラを未然に防ぐための対策を取ることができます。「上司の指示がわかりづらいときは、自分から確認しよう」とか、「仕事がぎゅうぎゅうに詰まらないように、スケジュールを平準化しよう」とか、「いざというときのために、普段からアイデアをノートに書き溜めておこう」とか、いろんな対策が考えられます。

自分の仕事の進め方や人との接し方を変えることで、イラッとする現象は回避でき、間接的にミスを減らすことができます。

イラッとノートは、「事実」「原因」「対策」の3ステップで書いていきます。書き方は自由ですが、ノートを縦に三分割して、左から「イラッとした出来事」「イラッとした原因」「今後の対策」を書いていくと、あとで見直すときにわかりやすいです。

負の感情と向き合うのは、最初は抵抗があるかもしれません。自分の気持ちと向き合って、自分を客観視することが、セルフコントロールの第一歩です。イライラを未然に防げば、自分をよりよい状態に保つことができるようになるでしょう。

ミスの要因

イライラした気分を引きずりながら仕事をしていると、注意力が散漫になり、ミスを引き起こす。

具体的行動

自分の感情に向き合うことで、自分のイライラの傾向を知り、次のイライラを未然に防ごう。

079 心の焦りを取り除く方法

「何からすべきか」を、まず「見える化」する

「あれもやらなきゃ、これもやらなきゃ」と焦って、何から手をつけていいかわからない。そんなことって、ありませんか。

焦りに気を取られて、目の前のことに集中できなくなれば、ミスしたり、仕事の質が落ちたりします。

焦ったときは、頭の中を書き出して、整理してみるのが一番です。頭の中を整理することで、本当に焦る必要があるのか、そうでないのかが見えてきて、落ち着きを取り戻すことができます。

何から手をつけていいかわからないときは、マトリックスを使って「何からすべきか」を「見える化」するとよいでしょう。

まず、やらなきゃいけないと焦っていることを、全部書き出します。次に、縦軸に「すぐやるべき／すぐやらなくていい」、横軸に「自分でできること／自分ではできないこと」をとった4分割のマトリックスを使って、先ほど書き出した「やらなきゃいけないこと」を当てはめていきます。

マトリックスで「見える化」したものを俯瞰してみると、何からすべきかの優先順位が見えてきます。優先して取り組むべきこ

とは、「自分でできて、すぐやるべきこと」です。反対に、「自分ではできない、すぐやらなくていい」ことは、「そもそもやらなくていい」と判断することもできるでしょう。

焦りを感じるのは、頭の中がごちゃごちゃしていて、見通しが悪いからです。頭の中を「見える化」することで、視界がひらけてスッキリする上に、気持ちを切り替えて、目の前の仕事に全力投球できるようになります。

●マトリックスでやるべきことを「見える化」

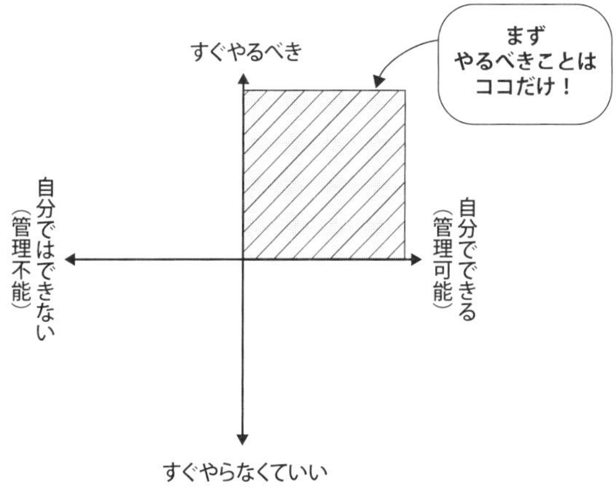

ミスの要因

焦っている状態では目の前のことに集中できず、ミスや仕事の質の低下を招いてしまう。

具体的行動

頭の中を書き出して整理し、いまやるべきことに集中しよう。

080 対処すべき問題を見極める方法

書き出して分類すると、悩みや問題は怖くなくなる

悩みや問題を抱えていると、それらすべてに対処しなければならないと思うかもしれませんが、実はそうではありません。

そもそも、その問題は対処すべきものなのでしょうか。これを見極めることが大切です。

見極めるには、悩みや問題を書き出して、次の3つに分類しましょう。**「寝かせること」「捨てること」「解決すること」です。**

①寝かせること

「今対処することがベストではない」と判断できる問題は、「寝かせておく」ことが最良の選択かもしれません。「もう少しあとになれば状況が変わるかもしれない」という場合です。

たとえば、部内の人間関係に悩んでいる人。しかし、来月異動が決まっているというのであれば、今いる部署での人間関係の悩み自体がなくなるはず。それまで放っておく、というのも一つの賢明な判断です。

②捨てること

「自分ではどうにもならないこと」や「自分勝手な妄想」は、

頭の中で悩んでいても仕方がないので、捨てるようにします。

たとえば、過去の失敗をいつまでも引きずる気持ちは、捨てるべきものの典型です。なぜ失敗したのかを分析し、活かせることを考える。または、失敗を挽回するためにできることがあれば実行し、できることがなければ、くよくよとした悩みはきっぱり捨てましょう。これが正しい選択といえます。

③解決すること

「寝かせること」と「捨てること」を除いたものが、「解決すること」です。

いま対処すべき問題は、「解決すること」だけです。それを集中して考えればいいことがわかれば、なんとなく負担に感じていたことから解放され、気持ちがスッキリしてきませんか。

頭の中は、コンピュータと同じ。モヤモヤを溜め込むと、余計なメモリを使って動きが鈍くなります。頭の中を「見える化」して整理し、「解決すること」を見極め、それに集中しましょう。それが、頭を悩みや問題に乗っ取られないための最善の方法です。

ミスの要因

悩みや問題にすべて対処しようとして、余計に悩みが深くなり、目の前のことに集中できなくなる。

具体的行動

悩みや問題を書き出して整理し、「解決すること」は何かを見極め、それに集中して取り組もう。

第6章

チームで取り組むミスゼロ

ヒヤリハットの再発防止策は、早めに報告して改善すべき

重大なミスにはならなくても、その一歩手前のヒヤリハットは日常的に起きています。ヒヤリハットが起きたとき、「危なかった、ミスにならなくてよかった」で終わらせていませんか。

1件の「重大なミス」の背後には、多くの「軽微なミス」が、その背後にはさらに多くの「ヒヤリハット」が起きていると考えるべきです。そのまま放置しておけば、いつか重大なミスにつながる危険性があるのがヒヤリハットです。

ヒヤリハットは早めに報告→改善し、職場全体で再発防止に取り組んでいかなければなりません。

そのために、ヒヤリハットの内容、原因、改善策をレポートで吸い上げるなど、報告しやすい仕組みを作ります。

報告されたヒヤリハットは、職場の掲示スペースなど目に触れる場所に貼り出し、チーム全体で共有します。その後、自社サーバのデータベースで管理し、誰でも閲覧可能な状態にします。

ヒヤリハットの報告で大切なことは、表面的なミスの原因ではなく「真因」を掘り下げ、日々実践できる改善策に落とし込むこ

とです。

たとえば、「電話がちゃんと聞き取れない」という悩みがあったとします。仮に、「相手にまくしたてられると、動揺して、途中から話がわからなくなる」ことが理由なら、真の問題点は「相手の話を交通整理するスキル不足」だと考えられます。

改善策としては、電話でまくしたてる相手に対しては、「では○○様、ここまでのお話を確認させていただきます」のように自分が会話の主導権を握ることが有効です。それを実践するために、「では、○○様……」「ところで、○○様……」と書いた紙をデスクの見える場所に貼っておきます。相手からまくしたてられたら、これらの言葉を使うようにすれば、問題を改善できそうです。

この改善策をヒヤリハット報告で共有すれば、同じような悩みを持つ新人社員にとっても有効なアドバイスになるでしょう。

改善策を自分ひとりで見つけられないときは、上司や同僚にアドバイスをもらいながら改善していきます。

ヒヤリハットは放置せず、その段階で報告して、問題を改善していくことが大切。職場で改善策を共有し、毎日意識して実践することで、ミス削減につなげていきましょう。

ミスの要因

ヒヤリハットを放置しておくと、いつか重大なミスにつながる。

具体的行動

ヒヤリハットの内容、原因、改善策をセットで報告し、職場で共有することでミスを未然に防ごう。

082 ミスを報告しやすい風土づくりの秘訣①

ミスやクレームを責めると、「宝の山」を見失う

ミスやクレームをチーム内で共有し、再発防止につなげるための仕組みはあっても、それがうまく機能している会社はそれほど多くはないようです。

その一番の原因は、ミスの捉え方にあります。

ミスを「失敗」と捉え、「責めるべきもの」のように感じているうちは、「ミスはできるだけ隠したい」という心理が働きます。 従って、ミスやクレームが報告されにくい状況が生まれます。

また、報告されたミスの内容を職場内に貼り出したり、関係者全員にメールで報告したり、チーム内で共有することについても、「見せしめにされる」という懸念が強く働いてしまうようです。

ミスを報告されやすくするには、ミスの捉え方を変えてしまうのが一番です。

これに関しては、あるサービス業の取り組みが参考になります。この会社では、以前からミスを報告する仕組みがありましたが、積極的にミスをチーム内で共有しようという雰囲気ではな

かったようです。

そこで、ミスやクレームを「トレジャー・マウンテン」と名づけました。すると、ミスの報告件数が格段に増えたといいます。

ミス＝トレジャー・マウンテン。つまり、「宝の山」と定義することで、ミスやクレームに対して前向きに対処し、改善のための意見をチーム内で話し合える雰囲気が生まれたのです。

さらにこの会社では、週に一度、トレジャー・マウンテン会議を開き、報告されたミスやクレームへの対処法をチーム内で話し合うとともに、皆で改善や再発防止に取り組んでいます。

チームでミスゼロに取り組むためには、ミスをチームで共有する仕組みを作ると同時に、ミスが報告されやすい雰囲気をいかに作るかが大事です。

ミスがなかなか報告されないことに悩んでいるのなら、ミスの呼び方を変えるだけで、突破口が開けるかもしれません。

ミスは責めるべきものではなく、改善のヒントを与えてくれる価値あるものである――。ミスを歓迎する姿勢を打ち出し、ミスを改善のチャンスにつなげていきましょう。

ミスの要因

ミスを共有する仕組みがあっても、ミスがなかなか報告されないために、再発防止の目的を果たせていない。

具体的行動

ミスを「トレジャー・マウンテン」と呼び、ミスを価値あるものとして捉え、ミスを共有しやすい雰囲気をつくろう。

083 ミスを報告しやすい風土づくりの秘訣②

ミスを職場で表彰すると、ミスから学ぶ姿勢が芽生える

前項では、ミスを報告しやすい風土づくりの取り組みとして、ミスを「トレジャー・マウンテン」と呼んでいる会社の事例を紹介しました。

同様の取り組みとしては、他にも、社内でミスを発表したり、改善に最も貢献した失敗を表彰する場を設けたりしている会社もあります。よく知られた例では、かつてのホンダ技研工業やキヤノン電子などが失敗表彰制度を取り入れていました。

私が研修でうかがったある会社でも、半年に一度、社員約80人が集まり、ミスに対する改善の取り組みを課単位で披露していました。

特筆すべきは、他の課も参考にできる汎用性の高いミスや、多くの学びと改善の芽を含んだ貢献度の高いミスに対しては、社長賞を与えていたことです。「**よくぞこの失敗を、この段階でしてくれた！　これを放っておいたら、もっと大変なことになっていたかもしれない**」という意味が込められた社長賞でした。表彰されたチームメンバー5〜6人が飲みに行けるくらいの賞金も、社長のポケットマネーから出ていたようです。

こうした表彰制度があると、社員はミスに対する捉え方が変わり、「なぜミスが起こったのか」「どうすれば防ぐことができるのか」を日頃から考えるようになります。

ミスを「トレジャー・マウンテン」と呼んでいる前述の会社同様、改善につながるミスを歓迎する会社の姿勢の表れだといえます。

たとえミスをしてしまったとしても、そこで終わりではありません。**ミスをチャンスと捉えて、改善につなげていくことが大切。**

それに、ミスをして責められる職場よりも、ミスをきっかけにチーム内で改善策について話し合える職場のほうが、誰もが生き生きと働けるのではないでしょうか。

特に、仕事に慣れないうちはミスが起こりがち。ミスした本人が一人で抱え込んで悩むのではなく、チーム全員で解決すべき問題と捉え、チームでミスゼロを目指しましょう。

ミスの要因

ミスした本人が一人で抱え込んでしまうと、ミスからの教訓がチームで共有されず、ミスが繰り返される。

具体的行動

学びの多いミスを表彰する場を設け、ミスからの教訓をチーム内で共有し、再発防止につなげよう。

「人・場所・時間」を変えると、ダブルチェックが生きてくる

「なぜこんな間違いをしたのだろう？」と自分でも腑に落ちないミスをすることがあります。データ入力ミス、請求書の金額ミス、伝票入力のヌケ・モレ……。

これらは、凡ミスとはいえ、会社の信用問題に関わる重大なミスに発展するおそれのある、決して軽視できないミスです。

ただし、凡ミスは、最終チェックを怠らなければ防ぐことができます。最後にもう一度チェックし、事前にミスを発見して修正すれば問題はありません。

特に、重要書類への記入や、請求書や契約書の作成など、絶対にミスが許されない作業のあとには、必ずチェックする習慣をつけましょう。自分でチェックするだけでなく、周りの協力を得てダブルチェック体制を整えておけば、ミス防止策は万全です。

ダブルチェックは、「人・場所・時間」を変えて行うと効果的です。

「人を変える」は、作業者以外の人が新鮮な目でチェックする

ことで、ミスを見逃さなくなります。

自分一人でチェックする場合でも、「場所を変える」「時間を変える」ことで、客観的な視点でチェックできます。

自分のデスクまわりは周囲の雑音も多く、何かと気が散ってしまいがち。会議室やミーティングルームなど静かな場所に移動すれば、集中できる環境を確保できます。

また、午前中に行った作業を午後にチェックしてみると、新鮮な気持ちで向き合えます。

私の場合、絶対にミスが許されないのは、研修やセミナーのスケジュールです。これだけは絶対に間違いがあってはいけません。スケジューラーの確認は一人の担当者だけに任せずに、必ず自分でもダブルチェックすることにしています。

キモとなる部分のチェックには、手数をかけて行うべきです。担当者がベテランであろうと、新人であろうと、人間である以上はミスが起こり得ます。

自分の業務におけるキモの部分は何かを押さえつつ、チームでダブルチェックの体制を構築して、凡ミスを撃退しましょう。

ミスの要因

人間はミスをするもの。最終チェックを怠ると、凡ミスを見逃してしまう。

具体的行動

ミスが許されない作業は、人・場所・時間を変えてダブルチェックする習慣をつけよう。

085 ダブルチェックの注意点

ダブルチェックをしても、ミスが防げるとは限らない

ダブルチェックを習慣化しているのに、ミスがなくならない。そんな悩みを持つ職場もあるかもしれません。

実際にある金融機関では、ダブルチェックどころか、6人がかりでチェックしても、ミスが発生したという話を聞きました。

ダブルチェックを行っているにもかかわらず、ミスがなくならないのは、ダブルチェック自体がルーチン化してしまい、いい加減なダブルチェックが増えているからかもしれません。

あるいは、**過剰なダブルチェックに時間を取られて、本来やるべき仕事に時間をかけられず、ミスが起きやすくなっている状況**もあるようです。

ダブルチェックは、それだけでミスが防げると思われがちですが、そうではありません。

ミスを防ぐには、ダブルチェックのやり方そのものを見直し、より効果的な方法に変えていく工夫が求められるのです。

見直しのポイントとして、「なくす」「減らす」「変える」の視点を紹介しましょう。

①なくす（なくすと何が困るのか）

ダブルチェックのやり方を見直す以前に、その仕事自体の必要性を見直し、やめて困らない仕事であればなくす。それによって、ダブルチェック自体もなくなります。

②減らす（減らすと何が困るのか）

何でもかんでもダブルチェックするのはやめて、大事なポイントに絞ることで、効率化を図ります。

③変える（ちがう方法に変えられないか）

ダブルチェックをより効率的な方法に変えます。たとえば、上からチェックするのではなく、下からチェックする。誤字をチェックするのであれば、書類の天地を逆にして行うことで発見率が高まることもあります。

業務の見直しで大事なのは、「これはこういうものだ」という思い込みを取り払い、柔軟な思考で業務に向き合うことです。ダブルチェックに対しても、「なくせないか、減らせないか、もっと効率的な方法に変えられないか」という問題意識を持ち、あなたの職場に合ったやり方に見直していきましょう。

ミスの要因

ダブルチェックを習慣化した結果、ダブルチェックがいい加減になってしまい、ミスがなくならない。

具体的行動

ダブルチェックのやり方を見直し、ミス防止に効果的なやり方に変えていこう。

「減らす仕事」を提案できる制度をつくると便利

ムダな仕事をなくし、業務量を適正にコントロールすることがミスゼロでは大切です。

しかし、職場全体を見渡してみると、「ずっとやっているから」という理由でなんとなく続いている仕事や、複数の人が重複して行っている仕事はありませんか。

中には、「あの仕事はムダだから、やめればいいのに」と思っても、担当者のこだわりが強く、面と向かって「やめたほうがいいですよ」とは言い出しにくい……なんてこともあるようです。

不要な仕事を減らすには、「減らす仕事」を提案できる制度があると便利です。前述のような担当者のこだわりが強い仕事でも、制度というプラットフォームを使うことで提案しやすくなり、自由にものを言える風土づくりにもつながります。

実際に、提案制度を採用している会社があります。

あるサービス関連の会社では、深夜までの残業も珍しくなく、残業時間の短縮のために「減らす仕事提案」を始めました。毎月、「減らす仕事」の提案が事業部長の元に集められます。そして、事業部長から「減らす仕事」の候補が各部門に配信され、各部門はこれを元に検討し、仕事を減らしていくという流れです。

不要な仕事を見直すことで、残業時間が減ったそうです。

「減らす仕事」の候補は、いつのまにか目的が曖昧になってしまった仕事や、形骸化した仕事などが真っ先に挙げられます。たとえば、データ作成は減らす仕事の最有力候補かもしれません。いくら時間をかけて作成しても、活用する人がほとんどいない、ということはよくあります。

また、重複する仕事は統合し、目的や役割が似ている仕事や代替可能な仕事は廃止しながら、業務のスリム化を目指します。

「何のため？　誰のため？」という目的に立ち返り、自分の担当する仕事や周りの仕事を見直してみると、意外にたくさんのムダがあることに気づくはずです。

自分一人では業務のスリム化に限界がある場合は、ここで紹介したように、職場全体で取り組むための制度を提案してみるのも一案です。周りを巻き込みながら、ムダな仕事を減らしていきましょう。

ミスの要因

ムダな仕事があっても、担当者のこだわりが強いために減らすことができず、業務量の多さからミスが生じる状況を変えられない。

具体的行動

「減らす仕事」を提案できる制度をつくり、不要な業務を削減しよう。

引き継ぎのときが、減らすタイミング

前任者から引き継いだ仕事に対して、「この仕事って、やる意味あるの？」「そもそもなぜこの仕事をしているの？」と素朴な疑問を持つことがあるでしょう。

不要な業務を削減するには、実はそうした違和感が重要です。

同じことは、新入社員や若手社員の方々にもいえます。初心者ほど、「これはこういうもの」という思い込みが少ないので、仕事を新鮮な目で見直すことができるのです。

仕事を減らすには、引き継ぎのときが絶好のタイミングです。

実際、業務のスリム化に積極的なある会社では、「担当者が変わるタイミングで、15%の削減を目標にしている」と聞きました。

また、私のセミナーに参加したマネジャーのAさんからは、こんな話も聞きました。別部門から異動してきたAさんは、就任早々、仕事に追われるスタッフを見て、「なぜそんなに忙しいのか」と疑問に思ったそうです。スタッフが言うには、「人数が減っても業務量が変わらないから忙しい」のだと。

Aさんは、すべての仕事の棚卸しを指示しました。その上で、「なぜこの仕事をするのか」という目的に立ち返り、必要な仕事と不要な仕事に分け、不要な仕事はやめることを決断。その結果、仕事は3分の2に減ったそうです。

ムダな仕事は探せばたくさんあるにもかかわらず、なくならないのは、仕事の必要性を吟味することなく、何の疑問も持たずに粛々と続けられてきた仕事が多いからでしょう。

そうしたムダの温床に切り込めるのは、新鮮な目と、素朴な疑問です。つまり、担当者が変わるタイミングが、仕事を減らすチャンスです。

業務のスリム化を進め、ミスを減らしたいなら、引き継ぎのタイミングを利用しない手はありません。

ミスの要因

ムダな仕事があっても、目的や必要性が吟味されずに継続されるために、仕事量の多さからミスが生じる状況を変えられない。

具体的行動

担当が変わるタイミングで、仕事の目的に立ち返って必要性を吟味し、不要な仕事はなくしていこう。

第7章

ミスをしないための思考術

088 心の乱れを整える方法①

深呼吸することで、心のモヤモヤも吐き出せる

忙しいときにミスが起きやすいことは、多くの人が感じているのではないでしょうか。

忙しいときは、ミスが起こりやすい空気になっているものです。月初や月末、支払いの締め日前などは職場が殺気立ちます。「急いで！」という暗黙のプレッシャーにのみこまれてしまうと、「早くしなくては」と気だけ焦って注意が散漫になり、必要な手順を抜かしたり、うっかりミスが起きやすくなるのです。

忙しいときこそ、空気にのまれてはいけません。

空気にのまれそうになったら、ぜひ深呼吸してみてください。

そんなことで効果があるの？　と思うかもしれませんが、気持ちを落ち着かせるには深呼吸が一番です。

深呼吸は、吸うことよりも、吐くことを意識します。フーッと口から息を吐くことで、自分の中にあるモヤモヤやイライラ、焦りを体の外に放出します。

ひと息つけば、自分が置かれた状況を冷静に眺められるようになります。いまこの作業ですべきことは何なのか、どの順番でし

なければならないのか、頭の中がクリアになってきます。

「出す」ということでいえば、声を出すことで気持ちを切り替えることができます。急いでいるときこそ、声を出しながら確認することで、状況を仕切り直す効果があるのです。

たとえば、顧客に資料を送る際は、「カタログ、提案資料、送付文の3点セット、OK！」。外出する前に「契約書・印鑑セット・名刺OK！」と声に出しながら、一つひとつの物事にくさびを打つように確認していきます。

そうやって気持ちを仕切り直すことで、忙しさに追われている感や、仕事に振り回されている感から抜け出すことができます。

気持ちの落ち着きが戻ったら、再び目の前の仕事に集中することができます。忙しさの中でも心に余裕を持ち、集中状態を保つことが、ミスを防ぐには大切です。

忙しいときこそ、深呼吸。あなたもこの習慣をぜひ取り入れてはいかがでしょうか。

ミスの要因

忙しくて殺気立った職場の空気にのみこまれると、焦って気が散り、ミスをしてしまう。

具体的行動

深呼吸で息を吐くのと一緒に、心のモヤモヤや焦りも放出し、気持ちを落ち着かせよう。

089 心の乱れを整える方法②

立ち上がってみると、背筋が伸びて視野が広くなる

前項88で触れたとおり、焦ると気持ちが浮足立って、集中力が途切れます。これがミスの原因です。

そしてもう一つ、焦ると周りが見えなくなります。焦ったせいで、普段ならしないような誤った判断をしたり、相手の立場にまで想像が及ばなかったり。焦りから視野が狭くなると、これまたミスの原因になります。

たとえば、こんな場面が考えられます。

得意先からイレギュラーな依頼を受けました。忙しくて心に余裕のなかったあなたは、「そんなの無理に決まってる」と思い、「申し訳ございませんが、そのような対応は致しかねます」と、とっさに断ってしまいました。

ところが、あとでよくよく考えてみると、隣の部署でよく似た案件を扱っていることを思い出しました。「あの件を担当している誰々さんに相談すれば、断らなくてすんだかも……」。

心に余裕がなくとっさに行動してしまったために、機会損失を招いてしまいました。視野を広く持っていれば、適切に対応できたかもしれません。

焦ったときは深呼吸。それもいいのですが、この場合、立ち上がるとより効果的です。

立ち上がって、背筋を伸ばしてみましょう。そうすることで視座が高くなり、景色が変わります。視野が広がって新しい気づきを得られるだけでなく、立ち上がることで身体と頭の血の巡りがよくなり、新しいアイデアも湧きやすくなります。

前述のケースの場合、立ち上がってみたら隣の部署が目に入り、「あ、あの人に聞いてみよう」とひらめいたかもしれません。得意先の依頼に応じていれば、得意先に喜ばれるだけでなく、あなたの会社の対応力が評価され、株も上がるでしょう。

焦ったときこそ、前のめりになりそうな自分を抑え、一歩引いてみることが大切。立ち上がるという、ただそれだけの行為が、状況を改善するきっかけになるかもしれません。即座に立ち上がれないときは、目の前から視線を外し、天井を向いたり、窓の外や遠くに視線をやったりするだけでも効果があります。

ミスの要因

焦って周りが見えなくなると、判断ミスや想像の欠如からミスが起きやすくなる。

具体的行動

立ち上がって背筋を伸ばし、視野を広く持つことで、心の落ち着きと適切な対応を取り戻そう。

090 心の乱れを整える方法③

頭の中を空っぽにすると、「いま、ここ」に集中できる

心配事や気になることがあると、仕事が手につかなくなる。そんな経験は誰にでもあるでしょう。

たとえば、重要なプレゼン発表を翌日に控えて、「失敗したらどうしよう」という不安が頭から離れなかったり、上司に厳しく注意されたことをいつまでも気にしたり。

ありもしない未来を憂い、取り戻せない過去を思い煩っていると、「いま、ここに向き合う」ことを忘れてしまいます。「いま、ここ」から意識が離れた隙をついて、ミスは起こります。

もちろん、人間は感情の生き物ですから、物事に対して感情が沸き起こるのは自然なことです。

よくないのは、最初の感情で終わらせずに、さらに妄想を発展させてしまうことです。「上司があんなことを言うのは、私を嫌っているからではないか」と勝手なストーリーを紡いでしまうと、自分で生み出した怒りや憎しみから逃れられなくなります。

そうなる前に、雑念を断ち切って、「いま、ここ」に意識を集中させましょう。

私が実践しているのは、「頭を空っぽにする時間をもつ」ことです。たった2分でも構いません。

やり方は簡単です。自分の呼吸に意識を集中させるだけです。ゆっくり呼吸しながら、「1、2、3……」と自分の呼吸を数えることに全神経を注いでみてください。

呼吸だけに意識が向いたとき、雑念が取り払われて、「いま、ここ」に向き合った状態が生まれます。

2分間の集中呼吸法は、仕事に追われて焦っているときに、気持ちを落ち着かせる方法としても有効です。「これもやってない、あれもやってない。どうしよう」と浮足立つ気持ちを、呼吸に意識を向けることで、「いま、ここ」に集中させましょう。

雑念がなくなって頭がスッキリすると、直観も冴えてきます。アイデアは、机に向かってあれこれ考えているときよりも、何も考えていないときにパッとひらめくことが多いものです。

雑念の渦にのみこまれそうなとき、いかに雑念を断ち切って「いま、ここ」に集中するのか。その方法を知っておくことが、雑念に振り回されないために大切なことです。

ミスの要因

雑念に振り回されて、「いま、ここ」へ集中することを忘れると、ミスが起きる。

具体的行動

自分の呼吸に意識を合わせ、頭を空っぽにする時間を持つことで、雑念を断ち切ろう。

091 心の乱れを整える方法④

場を整えると、物事がうまくいくようになる

何となく憂鬱だったり、気分が乗らなかったり、イライラしたり。そんな心の乱れは、散らかったデスクが原因かもしれません。

デスクが散らかっていると、探し物に費やすムダな時間が増え、イライラが募ります。目の前の仕事に関係のないいろんなものが目に入り、気が散って集中できません。加えて、4章でも詳しく説明したとおり、重要書類を紛失したり、必要なものを必要なタイミングで取り出せなかったりと、ミスの温床になります。

このように、場の乱れは、いいことを何も生みません。

では、きれいに片づけられたデスクは、どうでしょうか。

デスクまわりには、本当に必要なものだけが残されているので、そこに力を注ぐことができます。余計なことに心を乱されず、心に余裕を持って仕事に取り組めるので、つねに最高のパフォーマンスを発揮することができます。

私がよく耳にするのは、**「仕事がデキる人は、デスクがきれいに片づいている」**という話です。デキる上司の下で働く部下は、

間違いなくそういいます。

また、ある会社では、通路に落ちていた小さなゴミを、たまたまそこを通りかかった役員がサッと拾っていきました。その人は社内でも「デキる人」と評判だそうです。

つまり、デキる人は場を整えることができる人であり、場の乱れに対しても敏感に察知できる人だといえるのです。

「デキる人」は、場を整えることができる。場を整えられるから、ミスなく質の高い仕事ができる。まさに好循環のスパイラルが起きています。

仕事が「デキる」ことと、場を整えられることのどちらが先かと問われれば、卵と鶏のように、明確に分けられるものではないかもしれません。

ただ、好循環のスパイラルを生むには、場を整えることが入口になるのではないでしょうか。

「形が心をつくる」といいます。気分が乗らないときや、物事がうまくいかないときは、デスクをきれいに片づけることで、好ましいリズムを生み出していきましょう。

ミスの要因

デスクが散らかっているために、イライラや憂鬱など心が乱れ、ミスにつながる。

具体的行動

デスクをきれいに片づけて、心の状態を整えよう。

092 マイナスの感情をプラスに変える方法

魔法の口ぐせは、「これって何のチャンス？」

嫌な出来事が起きたときに、マイナスの感情で反応してしまうことがあります。人間に感情がある以上、喜怒哀楽が日々起きるのを抑えることはできません。

たとえば、あなたのチームに、何度も同じミスを繰り返す、理解度の低い後輩が配属されたとします。教育係を託されたのは、あなたです。この事実をどう受け止めますか。

「もう、勘弁してよ」と思うかもしれませんね。

しかし、そんなふうに思えば、被害者意識が増幅して、余計にイライラが募ってしまうでしょう。客観的で冷静な判断ができなくなり、ミスを引き起こすかもしれません。

ここで、湧き起こるマイナスの感情をプラスに変えてくれる、とっておきの言葉があります。

「これって何のチャンス？」

「ちょうどよかった」

両方とも、出来事を受け身で捉えるのではなく、出来事に主体的にかかわっていこうとする姿勢の表明です。

「一筋縄ではいかない後輩の教育係になったけれども、これって、私にとって何のチャンス？」
「ちょうどよかった。これを機に、誰でも作業できるようマニュアルを整備しよう」

面倒なことややっかいなことが目の前にあれば、そんなふうには到底思えないかもしれません。
もしそうだとしても、先ほどの言葉を無理矢理でも言ってみてください。口ぐせにすることで、思考が少しずつ影響されていき、前向きな受け止め方が身についていきます。

起きた出来事は変えられなくても、それに対する自分の受け止め方は変えることができます。嫌な出来事が起きたからといって、マイナスな感情に支配されているわけにはいかないのです。
自分の心の状態を整えてはじめて、ミスのない仕事ができます。自分が納得できる受け止め方で、マイナスに向かいそうな感情を、プラスに変えていきましょう。

ミスの要因

嫌な出来事が起きたときに、マイナスの感情に支配されると、イライラしたり、冷静さを失ったりして、ミスにつながる。

具体的行動

「これって何のチャンス？」「ちょうどよかった」を口ぐせにして、出来事を前向きに受け止めよう。

093 マイナスの感情を引きずらない方法

自分をご機嫌にするための習慣で、気持ちを切り換える

あなたは、どんなときに自分がご機嫌になるのか、自分のトリセツ（取扱説明書）を知っていますか。

なぜそのような質問をしたかというと、自分をご機嫌にする仕掛けや工夫を日々の暮らしの中に埋め込んでおくと、マイナスの感情をプラスに転換する上で非常に有効だからです。

たとえば、インテリアや小物が好きな人の場合、デスクまわりにお気に入りのグッズが置いてあると幸せな気分になれることがあるでしょう。仕事で使う道具を好きな色でそろえたり、デスクの隅にお気に入りの写真やミニ観葉植物を置いたりすると、心が和みます。仕事の邪魔にならない程度にホッとできる"癒しスペース"をつくってみてはいかがでしょうか。

休憩時間には、グッズを使って気分転換を図ることもおすすめです。女性だったら、香りのいいハンドクリームを塗ったり、ミストタイプの化粧品を顔に吹きかけたりするだけで、ホッとひと息つけそうです。

私の場合、朝起きたら、まずはおいしいコーヒーを自分のために淹れています。そうやって自分をもてなすためです。たったそれだけのことでも、その日1日を頑張ろうという気持ちが湧いてきます。

スケジュールを詰め込みすぎないことも、私が意識していることです。次から次へと予定をこなさなければならない日々を送っていると、心も身体も疲弊していきます。10分でも休憩を挟んで、気持ちをリセットし、次の仕事に向けて自分を整えることを心がけています。

そして1日の終わりには、必ずいいことを考えながら眠りにつくようにしています。その日に感じた嫌な感情を翌日に持ち込まずに、気持ちよく朝を迎えるための工夫です。

気分が乗らないときや、調子がでないときは、放っておくとどんどんマイナスのスパイラルに入り込んでしまいます。そうなる前に、自分なりの方法でリセットすることが大切です。いつでもご機嫌で仕事に取り組めるための自分のトリセツを考えてみませんか。

ミスの要因

マイナスな感情のままダラダラ仕事をすると、ミスにつながる。

具体的行動

自分をご機嫌にするための仕掛けや工夫を日常に組み込み、マイナスな感情をプラスに転換しよう。

094 思い込みから抜け出す方法①

観察・傾聴・想像を心がけると、心が柔軟になる

「これはこうだ」という思い込みが強いと、視野が狭くなって、勘違いや誤解によるミスが起きやすくなります。

たとえば、こんな人は要注意です。

「あの件だけど……」と相手が話し始めるや否や、相手から話を奪って、「あぁ、あれはこうですね」と自分の解釈で結論づける人。相手の話に耳を傾けず、自分の思い込みで対応すれば、間違った判断や、相手の意図に反する仕事につながり、ミスや相手の不満になりかねません。

ミスゼロ仕事に求められるのは、思い込みにとらわれない柔軟な思考です。柔軟な思考を身につけるには、日頃から「観察」「傾聴」「想像」を心がけるとよいでしょう。

①観察する

周りをよく観察しましょう。思い込みの激しい人は「ここ」しか見ていませんが、柔軟な思考の持ち主は周りの様子にも細やかに目を配っています。周りをよく観察すれば、正しい判断をするための情報が増えるので、思い込みを防ぐことができます。

②傾聴する

相手の話によく耳を傾けましょう。相手の話に興味を持って耳を傾ければ、相手の期待や要望をくみ取ることができるようになります。それが、相手の期待する仕事やサービスを生むことになり、相手からの信頼にもつながります。

③想像する

物事の前後関係や全体像、先の展開を想像しましょう。これらを想像できる人は、気の利く仕事ができます。たとえば、外出先から戻ってきた同僚に対し、「あの話をまだ知らないだろうから、知らせておいたほうがいいな」と同僚の立場になって想像し、気の利いた働きかけをすることで、情報共有によるミスを未然に防ぐことができます。

変化激しいこれからの時代、状況に応じた対応が必要な仕事や、個別に判断が求められる仕事が増えていくでしょう。思い込みにとらわれない柔軟な思考こそ、ビジネスパーソンがこれからの時代を生き抜くために必要な素養です。

ミスの要因

思い込みで物事に対応すると、誤解や勘違いによるミスを招く。

具体的行動

観察・傾聴・想像を心がけ、思い込みにとらわれない柔軟な思考で仕事に取り組もう。

095 思い込みから抜け出す方法②

視座・視野・視点を変えると、気づくことが多い

「思い込み」を別の言葉で表現すると、「物事をある一面からだけで捉えること」と言い換えることができます。

たとえば、こちらから見ると「大した問題ではない」ことが、あちらから見ると「大問題である」ということはよくあります。一方向から見て「大した問題ではない」と判断してしまうと、重大な判断ミスになりかねないことが理解できると思います。

思い込みをなくすには、ある一方向だけではなく、多面的に情報を捉えることが大切です。多面的なものの見方は、「視座」「視野」「視点」を変えて見てみることがポイントです。

①視座——物事を見る目の高さや位置のこと

一担当と課長とでは、見える景色が違うはずです。顧客からのクレームに対して、「課長ならこのクレームをどう考えるだろう？」と考えてみます。「課長ならこのクレームが大問題に発展する可能性を考え、仕事のやり方を見直すのではないか」と気づけば、より適切な判断を行うことができます。

②視野――物事を考えたり判断したりする範囲のこと

何か問題が起きたとき、自分の部署のことだけを考えるのか、それとも関連部門や会社全体のことまで考えるのか。あるいは、現時点の問題だけに目を向けるのか、将来起こり得る問題にまで目を向けるのか。視野をどれくらい広く持てるかで、判断の良し悪しが決まります。

③視点――物事を観察する定点のこと

自社の商品やサービスを、「お客様」「環境」など異なる視点で見てみると、さまざまな気づきが得られます。お客様の立場から見ると「便利な商品」でも、環境の視点から見ると「環境にやさしくない商品」ということがあるかもしれません。

物事の一面からだけではわからないことが、異なる視座、視野、視点から多面的に物事を捉えると、見えてくることがあります。視座を高く、視野を広く、視点を多く持つことで、一つの情報からより多くの価値を引き出せるようになり、仕事の質を高めていくことができます。

ミスの要因

物事をある一面からだけで捉えて、それをもとに判断しようとすると、重大な判断ミスにつながることがある。

具体的行動

視座、視野、視点を変えて物事を多面的に捉え、適切な判断や決断を行おう。

096 心身を健康な状態に保つ方法①

しっかり休むと、気持ちや体調を整えられる

ミスゼロを目指すにあたり、業務時間内の仕事のやり方に目を向けるだけでは不十分です。アフターファイブや休日を「どう休むか」も、仕事の質を決定づける重要な要素です。

たとえば、十分な睡眠時間を取らず、朝もギリギリまで寝ていて朝食抜きでは、集中力が欠けて、ミスも起きてしまいます。

理想の休み方は、人それぞれです。まずは、自分をベストな状態に保つために必要な睡眠時間や週末の過ごし方など、「自分のパターン」を知ることから始めましょう。

私の場合は、睡眠時間は6時間あれば十分です。それ以下になると調子がよくありません。また、休みの日は仕事を忘れてリフレッシュし、日曜日の夕方以降は、翌週の段取りを考えるなど少しずつ仕事モードに入っていくことで、1週間のよいスタートダッシュを切れるようにしています。

「休む」という行為は、自分の気持ちや体調を整える自己管理の基本です。この自己管理がしっかりとできないと、仕事の質や生産性を上げていくことはできません。

仕事の質や生産性は、どうやって決まると思いますか。

知識やスキル、経験、仕事への意欲が重要な要素ですが、それだけではありません。土台を構成するのは、人としてのあり方や考え方、行動特性です。考え方や行動がそもそも間違っていれば、いくら知識やスキルがあっても仕事ができるとはいえません。

自己管理の基本は、しっかり休むことです。自分をメンテナンスし、ベストな状態に保つことで、仕事のパフォーマンスを高めていきましょう。

●しっかり休むことが自己管理力につながる

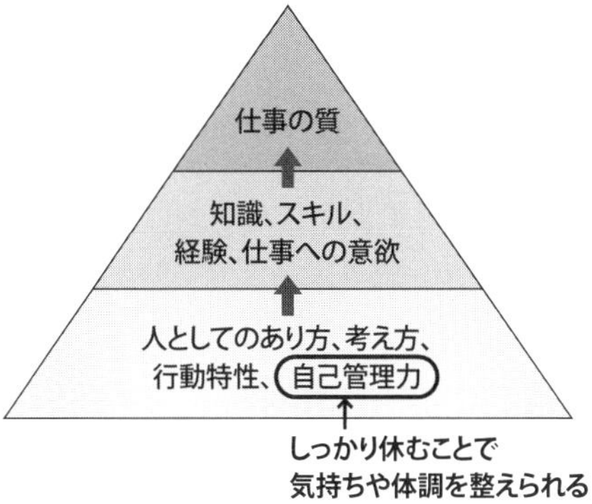

ミスの要因

アフターファイブや休日にしっかり休まず、無理な働き方を続けていると、心や体に不調をきたし、ミスを引き起こすことになる。

具体的行動

十分な睡眠時間と快適な休日の過ごし方を意識して、自分の気持ちや体調を整えよう。

097 心身を健康な状態に保つ方法②

食事を大切にすると、仕事の効率も上がってくる

前項96では、心身を健康な状態に保つための自己管理の基本として、「休息（睡眠）」を取り上げました。

自己管理で気を配りたいもう一つのことは、**「食事」**です。自分の体をつくっているのは食事ですから、いま一度、何を食べるのか、どう食べるのかに意識を向けてみてください。

まず、朝食です。**1日のよいスタートは、朝食をしっかり食べることから始まります。**脳のエネルギー源となるブドウ糖が供給され、頭もシャキッとしてきます。

また、出勤前の慌ただしい朝だからこそ、食卓について朝食をいただくことで、1日の快適なリズムをつくることができます。

昼食には、午後への英気を養う重要な役割があります。お気に入りの場所でリラックスしながら、あるいは同僚との会話を楽しみながら食べると、心地よい環境で心身のエネルギーを補給できる時間になるでしょう。

ときには、忙しくてゆっくり昼食をとる余裕のない日もあるかもしれません。そのような場合でも、食べる間だけでも仕事の手

を休めて、食べることに向き合いたいものです。たった10分でも、食事を味わうことでひと息つくことができ、気分転換になります。**「ながら食べはしない」「仕事の手を休めて昼食をしっかり味わう」**ことから実践してみてはいかがでしょうか。

夕食は、寝る前の3時間より前に済ませるようにします。寝る前に食べると、肥満の原因になるばかりか、消化が活発になり安眠や熟睡を妨げる原因にもなります。翌朝の心地よい目覚めと快調なスタートのためにも、夕食の時間があまり遅くならないよう気をつけたいものです。

また、お酒の飲みすぎにも要注意です。お酒は、1日の疲れを取り、リラックスして眠りにつける程度の適量に留めておくのが賢明です。

適度な休息と、体によく美味しい食事。

この2つを継続すれば、心身ともに軽やかに変わっていく自分を実感できるはず。心身の状態を万全に整えて、ミスのない仕事に臨みましょう。

ミスの要因

朝食抜きや「ながら食べ」など食事をおろそかにしていると、心身へのエネルギーを補給できず、仕事の効率が悪くなる。

具体的行動

食事をするときは、食べることに向き合って、しっかり味わって食べよう。

098 前向きな気持ちでいるための方法

「心の報酬」があると、仕事に前向きに取り組める

やる気がでないとき、気分が乗らないとき、ついダラダラと仕事をしてしまうと、ミスが起きやすくなります。

そんなときは、自分の「やる気スイッチ」を押して、モチベーションを高めましょう。

モチベーションの源は、人によって違います。また、一人一つではなく、いくつもあるはずです。あなたの「やる気スイッチ」は何ですか。まずは、自分のモチベーションの源を明らかにして、日々の仕事に組み込みましょう。

一つひとつの仕事をやり遂げたという達成感が自分への報酬になる人は、頻繁に達成感を味わえるように、小刻みの目標を設定していくと、やる気が持続します。大きな塊の仕事は小さな塊にほぐすことで、小刻みの目標を設定することができます。

チームへの貢献が喜びにつながる人もいるでしょう。そういう人は、周りの人と協力し合いながら目標達成を目指す仕事のやり方が向いています。

まずは自分から積極的に周りの人とコミュニケーションをと

り、協力を惜しまない姿勢を見せましょう。そのうち周りの人も心を開き、お互いに協力し合える間柄になれるはずです。

周りからの感謝の言葉がやる気の源だという人は、日頃からそのことを周りに伝えておくとよいでしょう。たとえば、周りの人から「ありがとう」と感謝されたときは、「そう言ってもらえてうれしいです。ありがとうございます」と言葉を返すことで、自分の気持ちを伝えることができます。

仕事を頑張ったご褒美に、美味しいデザートをいただいたり、自分にお花をプレゼントすることも効果的です。

そして、一番大切なことは、頑張った自分をほめ、肯定してあげることです。些細なことでもいいので自分をほめてあげられると、「私は必要とされているんだ」という自己肯定感が生まれ、前向きに仕事に向かわせる原動力になります。

あなたにとって最大の応援団は、あなた自身です。いつでも気持ちよく仕事に取り組めるよう、十分なケアを行いたいものです。

ミスの要因

気分が乗らないままダラダラと仕事をすると、ミスが起きやすくなる。

具体的行動

自分へのご褒美や心の報酬など、自分の「やる気スイッチ」を日々の仕事に組み込もう。

自分と対話すると、自分のいいパターンも見える

あなたは自分のことをどれくらい知っていますか。

たとえば、上司に苦手意識をもっていたとします。上司との距離感がつかめず、報連相が遅れがちになり、叱られます。叱られるから、さらに苦手意識が膨らんでいく——。

そこで、なぜ自分は上司のことが苦手なのか、掘り下げて考えてみる人は少ないのではないでしょうか。

実はそこに苦手意識を克服するための解決策が見つかるかもしれません。その解決策を実践し、習慣化していけば、自分の悪しきパターンをよいものに変えていくことができるでしょう。

自分のことを知るために、自分に向き合い、自分と対話する時間を持つことをおすすめします。

1日の終わりに、自分の心をスキャニングする時間をもっているという方がいらっしゃいました。1日の終わりに目を閉じて、朝からの出来事を思い出し、その時々における自分の感情を振り返るのだそうです。

「自分はこんなことを考えているんだな」とか、「この感情がこ

んな行動パターンにつながっているんだな」と気づくことで、自分への理解を深めていくことができます。

自分と対話することで、自分のいいパターンも見えてきます。

たとえば、その日の自分の関心事や、印象に残ったことを振り返り、「電車の中で見知らぬ人の気遣いに感動したこと」を思い出したとします。人から受けた気遣いが心に染みたのなら、「そういう気遣いが自分もできるように心がけよう」と自分の新しい習慣に取り入れることもできます。

あるいは、「最近、自分が関心のあるこの部分を高められるような仕事に挑戦してみよう」と、自分のよさや強みを伸ばし、仕事のパフォーマンスを上げる取り組みにもつなげていくことができます。

いいパターンは継続・習慣化し、悪しきパターンには修正や改善を加えて好転させていく。そうやって人生はより豊かになっていきます。その効果的な実践法として、心のスキャニングをぜひ日々の生活に取り入れてください。

ミスの要因

自分の中の悪しきパターンに気づかずにいると、それが原因でミスが引き起こされるだけでなく、その状態が継続されてしまう。

具体的行動

１日の終わりにその日の出来事と自分の感情を振り返り、悪しき習慣はよい習慣へ転換し、よい習慣は継続させよう。

100 ミスをしない人の思考の特徴

人は成功体験からよりも、ミスから学ぶことの方が多い

成功体験と失敗体験。人を成長させるのはどちらでしょうか。

成功体験は、その人に自信をもたらし、一歩踏み出す勇気を与えます。その意味で、人生における輝かしい財産になります。
しかし、落とし穴もあります。成功体験からは、自分を変えるきっかけや必要性が生じないため、それまでと同じ思考や行動パターンを繰り返すことになります。その結果、いつかドカンと大きなつまずきを経験するかもしれません。

一方、失敗体験は、自分の考え方や価値観、行動パターンを変えざるをえないような転機になり得ます。失敗をして痛い目に遭うということは、それまでの自分の考え方ややり方が間違っていたということです。
前に進むためには、なぜ失敗したのかを見つめ直し、自分を変えていかなければなりません。そのプロセスの中に、未来につながる気づきや学びがあります。

こう考えると、成功体験から学べることは少なく、むしろ、ミ

スして痛い目に遭った経験から学べることのほうが大きいといえるのです。

ミスから学ぶためには、ミスに謙虚に向き合うことが大切です。

わかっているけれど、それがなかなか難しい。そう感じている人も多いかもしれません。「ミスした自分を許せない」「ミスしたことは思い出したくもない」という気持ちが強いと、ミスした事実から目を背けてしまい、ミスから学ぶことができません。

ミスから学ぶには、ミスした自分を素直に認めることから始めてみてください。「ミスをする自分も、自分」と肯定的に捉えることができれば、ミスにも素直に向き合えます。

完璧な人間など一人もいないですし、誰にでも、いいところもあれば、悪いところもあります。そんなデコボコな自分を受け入れ、リスペクトすることは、人生の基本姿勢だと思います。

ミスに向き合うことをおそれずに、まずはミスをした自分を認めてあげること。そこから気づきや学びが生まれ、その後の自分の成長に役立てることができるのです。

ミスの要因

ミスに謙虚に向き合う姿勢がないと、同じミスを繰り返し、いつまでたっても成長できない。

具体的行動

ミスした自分を素直に認め、ミスから学ぶ習慣をつけよう。

おわりに

本書を最後まで読んでいただき、ありがとうございます。
「明日からできそうだ」、「ミスゼロは難しいことではない」ことを感じていただけたら嬉しく思います。
続けるコツは「楽しみながら取り組むこと」です。

ミスはしないに越したことはありません。しかし、学びの観点から見ると、うまくいったことからよりも、ミスから学ぶことの方が多くあります。

私は以前、整理整頓が大の苦手でした。いつも机の上は書類が山積みで探す時間のムダ満載、といった状況でしたが、誰に迷惑をかけるわけでもないだろう、とたかをくくっていました。あるときお客様から電話で問い合わせがあったのですが、必要な書類を探し出しお答えするのになんと2分！も待たせてしまったことがありました。ようやく探し出しお詫びとともに、説明したところ…。
お客様はしばし沈黙ののち、「先生、その調子では、情報も書類も整理整頓されていないのでしょうね。当たり前のことすらきちんとできていない方に、大事な研修をお任せすることはできません」。
決まっていたその仕事はキャンセルとなり、この出来事から、凡事徹底することがいかに大切かと、痛感しました。
独立したての頃でしたから、仕事のキャンセルは大きな痛手ではありましたが、この手痛いミスがきっかけで整理整頓や効率化について、学びと実践を深めていくことができました。

この本を読んで下さった方が、ミスゼロ仕事を通じて、心身共に豊かで満ち溢れた人生を送れる。そんなきっかけになれば幸いです。

藤井美保代（ふじい・みほよ）
株式会社ビジネスプラスサポート代表取締役。
「ミスをなくすことで、自分もまわりも快適に、心地よく、効率的な仕事ができる」という信念のもと、「ミスゼロ仕事実現」の研修・セミナー・コンサルティングを多くの人に提供。ミスゼロを通じて女性活躍支援にも力を入れ、ワーク・ライフ・マネジメントにつながる働き方の提唱も行っている。
単なるスキルや知識、ノウハウを教えるだけではなく、それらを根付かせるために必要な姿勢や志からしっかり教える指導は、各社で高い評価を得ている。
主な著書：『「事務ミスゼロ」の仕事術』『「ミスゼロ仕事」の段取り術』『「ミスゼロ仕事」の片づけ・整理術』（以上、日本能率協会マネジメントセンター）、『仕事で「ミスをしない人」と「ミスをする人」の習慣』（明日香出版社）、『仕事が効率よくスムーズに進む！ 事務ミスゼロのチェックリスト50』（同文舘出版）

【ホームページURL】 https://j-bps.com/
【メールアドレス】 fujii@j-bps.com

失敗を未然に防ぐ
仕事のミスゼロ100の法則

2020年6月30日　初版第1刷発行

著　者──藤井美保代　© 2020 Mihoyo Fujii
発行者──張 士洛
発行所──日本能率協会マネジメントセンター
〒103-6009 東京都中央区日本橋2-7-1　東京日本橋タワー
TEL 03(6362)4339(編集)／03(6362)4558(販売)
FAX 03(3272)8128(編集)／03(3272)8127(販売)
http://www.jmam.co.jp/

装　丁───冨澤 崇（EBranch）
編集協力──前田はるみ
本文DTP──株式会社森の印刷屋
印刷・製本──三松堂株式会社

本書の内容の一部または全部を無断で複写複製（コピー）することは、法律で認められた場合を除き、著作者および出版者の権利の侵害となりますので、あらかじめ小社あて許諾を求めてください。

ISBN 978-4-8207-2813-9　C2034
落丁・乱丁はおとりかえします。
PRINTED IN JAPAN

JMAM 好評既刊図書

仕事の効率を上げミスを防ぐ

整理・整頓100の法則

桑原晃弥　著

四六判224頁

仕事を効率的に進め、ミスを防ぐために不可欠な整理・整頓について、誰もがすぐに試すことができる普遍的な法則をやさしく解き明かす。

失敗しない!クレーム対応100の法則

谷　厚志　著

四六判232頁

クレーム対応に困っているビジネスパーソンに向けて、クレーム対応の考え方、クレーマーの心のつかみ方、さらには怒りを笑顔に変える技法について解説する。

12ヵ月成果を出し続ける

PDCA手帳術

川原慎也　監修

四六判160頁

手帳は、ダンドリ確認、振り返り、改善に役立つ頼もしいパートナー。PDCAサイクルを回し、成果につなげるために手帳をどう活用するか、ノウハウを紹介。

日本能率協会マネジメントセンター